Dados Internacionais de Catalogação na Publicação (CIP)
(Câmara Brasileira do Livro, SP, Brasil)

Ribeiro, Jorge Ponciano.
Gestalt-terapia : o processo grupal : uma abordagem fenomenológica da teoria do campo e holística / Jorge Ponciano Ribeiro. — São Paulo : Summus, 1994.

ISBN 85-323-0446 -X

1. Gestalt-terapia 2. Psicoterapia I. Título.

93-3517 CDD-616.89143
NLM-WM 460

Índices para catálogo sistemático:

1. Gestalt : Psicoterapia : Medicina 616.89143
2. Gestalt-terapia : Medicina 616.89143

Jorge Ponciano Ribeiro

GESTALT-TERAPIA

O PROCESSO GRUPAL

UMA ABORDAGEM FENOMENOLÓGICA DA TEORIA DO CAMPO E HOLÍSTICA

summus editorial

Capa de:
Ettore Bottini

Direitos desta edição
reservados por
SUMMUS EDITORIAL LTDA.
Rua Itapicuru, 613 – 7º andar
05006-000 – São Paulo, SP
Tel.: (11) 3872-3322
Fax: (11) 3872-7476
http://www.summus.com.br
e-mail: summus@summus.com.br

Impresso no Brasil

SUMÁRIO

AO MEU GRUPO:

Cecília e Bertolino, meus avós, Odete, Maria, João, Geraldo, Moacir, meus tios, José e Alzira, meus pais, Aparecida e Neco, Manoel e Dozinha, Paulo e Sílvia, João e Noeme, Alvimar e Berenice, Cecília e Lopes, meus irmãos, Ziulma Costa, minha mulher, Alexandre Augusto, João Paulo, Ana Cecília, Carina Izabel, meus filhos, Jezuzina Baldez, Marineola, Maria Clarete, Maria Cardoso de Sá, minha família maior, Aderval Costa e Mariazilda d'Ângelis, meus sogros, meus alunos de Brasília (DF), de Campo Grande (MS), de Recife, Maceió, João Pessoa, Jaru (RO) e Salvador, em cursos de formação e treinamento.

Através dos quais e outros sem fim,
Pude nascer, crescer, me desenvolver,
Sofrer e amar, trabalhar e viver,
Na constante expectativa de,
Finalmente,
No processo mágico deste grupo,
Experienciar a única e real GESTALT,
Onde tudo se torna uma coisa só,
A qual, tendo começado tenuemente,
Se plenifica, dia a dia,
Até chegar ao seu fechamento total
Quando passarei, definitivamente,
Do estado provisório do Existir
Àquele definitivo do Ser.

APRESENTAÇÃO

Desde o nascimento até a nossa morte estamos em relação. Etimologicamente, relação significa "refazer laços". Para o Aurélio, laço significa "nó que se desata sem esforço", é "vínculo", é "união", é *grupo*.

Desnecessário, portanto, reafirmar a importância do estudo sobre grupos para a Psicologia. Muito se tem escrito sobre este tema, pouco no Brasil. Algumas das honrosas exceções são mencionadas por Jorge em sua bibliografia. Interessante notar que quanto mais desenvolvido um país, mais se trabalha com grupos — a recíproca também é verdadeira.

Muitas questões persistem, A temática é vastíssima — logo, em relação a sua extensão, pouco caminhamos. Surgem também muitos questionamentos de natureza preconceituosa por aqueles que têm dificuldade de conviver com tal amplitude. Por exemplo: "Como é possível preservar a individualidade no contexto grupal?"

Numa abordagem fenomenológica, na qual o autor se inscreve, a resposta não é o fim último da verdadeira questão mas, ao contrário, a manutenção da interrogação faz com que se permaneça sempre mais próximo ao fenômeno, variando-se ilimitadamente de perspectiva. A questão verdadeira é aquela que coloca a si mesma sob investigação.

O que é um grupo? Eis uma possível armadilha. Jorge não é preso por ela. Ao invés de inserir-se numa das centenas de definições existentes, diferentes e contraditórias, traz ao leitor sua visão de *como* vê os diferentes tipos de grupo, faz uma fenomenologia de seus processos, de sua condução e experimentos, de forma acessível e interessante, utilizando-se da teoria de campo e holística como fundamento.

Em relação à questão — o que é um grupo? — posso sugerir, a partir de minha experiência profissional com grupos de formação, de supervisão e terapêuticos, uma descrição fenomenológica radical e operacional, de extrema repercussão em meu trabalho: *grupo é mais de um*. A velha disputa entre trabalho individual e grupal deixa, assim, de ser relevante.

Vivemos uma época onde o individualismo predomina. Pensar grupo é pensar no coletivo. Toda vez que agimos coletivamente, avançamos. O "nós" é mais forte que o "eu".

Este livro, sem dúvida, promoverá muitas reflexões. Trata-se de um trabalho instigante e abrangente. Não é preciso concordar com todas as colocações de Jorge. Conhecê-las, sim, é preciso.

Novembro de 1993

Ari Rehfeld

PREFÁCIO

O grupo preside a existência.

Do seu despertar ao seu ocaso, a pessoa humana é necessariamente um ser de relação. É na relação, no contato, no encontro que ela se transforma e se humaniza.

O universo é um grande grupo, cujas partes contêm a magia própria da individualidade e cujo mistério é também a força propulsora para a unidade buscada do quotidiano de cada um.

Aqui tudo converge. Nada fica fora. O contrário e o contraditório, através de múltiplas alianças, através de injunções quânticas, terminam proclamando a grande gestalt: Tudo é uma coisa só, divinamente colorido de infinitos matizes para ocupar o homem na interminável meditação de encontrar a resposta final que preside a toda e qualquer busca: o SER.

O grupo terapêutico é talvez a mais nobre síntese dessa realidade maior, porque feito do que de mais perfeito o universo possui: Mulher e Homem, figuras luminosas de um fundo, cuja dinâmica parece convergir, a todo instante, para celebrar o convite de entrada neste universo que nos acolhe.

A consciência é a marca da humanização e da hominalidade, é ela que separa o gênero animal da espécie humana, que, quando possuída em alto grau, transforma em divindade aquele em que se plenifica.

A consciência é o alimento de todas as virtudes, sua ausência, ocasião e causa de todos os vícios. Não basta, porém, a consciência intelectual. É preciso ultrapassar a lógica da razão consciente para penetrar na consciência emocionada, engajada, consciência da própria consciência.

A consciência da própria consciência só ocorre no contato real, na relação que ultrapassa o imediatismo do fenômeno, a fragmentação do aqui e agora e cria pontes essenciais entre seres que se convidam para o banquete da unidade, onde, não obstante a diversidade de manjares, a alimentação é farta, plena e auto-reguladora.

Contato e consciência são figura e fundo de uma Gestalt existencial que tenta, a todo instante, se projetar no campo confuso das opções humanas, dos conflitos que perturbam as decisões, das dúvidas que perseguem o privilégio da liberdade.

O grupo terapêutico é como o rio procurando o mar, como a flor procurando se transformar em fruto, como a criança crescendo à procura de sua maturidade.

Não basta, porém, o impulso natural para que as coisas aconteçam, se completem e se finalizem. Desvios e aberrações podem ocorrer nessa caminhada. É preciso que todos os seus passos sejam presididos pelo contato e pela consciência, pois contato e consciência são a matéria-prima de qualquer processo de individuação.

Como um corpo em crescimento, também o grupo terapêutico padece de dores, se desequilibra, resiste ao crescimento, bem como, obediente a uma lei maior, se reorienta na direção de uma auto-regulação organísmica que o faz bem-vindo ao mundo em que se encontra.

O grupo é uma escola de humanização porque, constantemente submetido a um processo de tomada de consciência, aprofunda seu contato em todas as fronteiras onde se encontra interrompida.

Acreditar na forma transformadora do grupo não é uma questão de fé, e sim, teórica, da mais alta relevância. O grupo é uma realidade maior e diferente da soma dos indivíduos que o compõem. Tem tudo o que eles têm e transforma esse conteúdo em um continente de imensas e vastas possibilidades.

O grupo é um fenômeno cuja essência reside no seu poder de transformação, no seu poder de escutar, de sentir, de se posicionar, de se arriscar a compreender o processo de significação do viver e do responsabilizar-se.

No grupo terapêutico, as pessoas podem experienciar o verdadeiro sentido da existência à procura de sua essência. Ali se vêem e se sentem a dor, a angústia, a raiva, o amor, a alegria, o medo, a tristeza, todos os sentimentos humanos à procura de sua inteligibilidade, de sua lógica interna, ao mesmo tempo em que nos deparamos, como viandante diante da esfinge, impotentes entre o que é do coração e o que é da cabeça. Ali também aprendemos, como diante da esfinge, mil lições, resumidas em uma só: o Ser Humano é um ser de infinitas possibilidades. Ali se aprende que a realidade é una e que nossa mente e, sobretudo, nosso coração a fazem múltipla, porque nossa fantasia cria intencionalidades que nos fazem pensar que podemos conter a realidade.

No grupo, cada um de seus membros tem a oportunidade rara de ver o mundo e a si mesmo com os olhos do outro, de se ouvir com os ouvidos do outro, de se tocar com as mãos do outro, de se amar com o coração do outro, de se descobrir imensamente limitado e potencialmente divino, sagrado, mulher e homem, de carne e osso.

O grupo terapêutico é o lugar marcado ou o lugar do encontro marcado entre meu *self*, meu eu e meu mundo. Estes três sistemas lutam, se recusam, se desconhecem, se isolam, recorrem a mil manobras para não ter que lidar com uma mudança potencialmente ameaçadora. Descobrem, entretanto, por uma reação especular intergrupal que cada um deles é mais forte, mais bonito, mais capaz do que imaginava. Aprendem, sobretudo, que humanizar-se é talvez o maior de todos os riscos, a maior de todas as façanhas.

Auto-regulação organísmica não é uma tendência do indivíduo apenas, é um instinto grupal também. O grupo fareja seu crescimento, seu caminho, seu alimento e os persegue. É no calor da comunicação que esse processo acontece, que pessoas se encontram, que atitudes se fazem compreensíveis e que um comportamento mais coerente e estável se torna possível.

Quanto mais conheço os homens, mais vejo o grupo como o lugar ideal para se passar a limpo a humanidade transtornada pelo egoísmo, pela inveja, pelas lutas sem fim, pela primazia, muitas vezes, da mentira sobre a verdade, do poder usurpador sobre a humildade e do vício sobre a virtude.

Este livro não é apenas fruto de trinta anos de vida acadêmica superior, mas a expressão de uma sensação de humanidade que fui colhendo em cada um dos meus clientes ao longo dos anos e de um aprendizado humilde e atento com meus alunos dos Cursos de Formação para Psicoterapeutas de Grupo, sobretudo nos últimos anos em Brasília, Campo Grande e Recife, através dos quais pude aprender que nenhuma teoria é verdadeira, quando isolada do quotidiano do coração e experiências de cada pessoa.

Ensinar e aprender são figura e fundo de um mesmo processo, onde mestre e aluno se revezam, onde a necessidade transforma o mestre em aluno e o aluno em mestre, fechando assim uma Gestalt onde gratidão e amor rompem, em definitivo, os limites de fronteira, os empecilhos ao contato, saindo de uma relação inicialmente Eu-Isso para a quase certeza do encontro e magia de uma relação Eu-Tu.

Brasília, 1º de novembro de 1993
Jorge Ponciano Ribeiro, M.A., Ph.D

CAPÍTULO I

CONCEITOS BÁSICOS DA TEORIA GESTÁLTICA

A Gestalt-terapia passou, através dos anos, por diversas etapas ou reformulações. Como toda teoria nova, também a Gestalt levou alguns anos para se firmar como uma forma de terapia convencional.

Frederic Salomon Perls, seu fundador, era um homem de personalidade complexa, tendo ele próprio se afastado de sua proposta inicial, tal como é apresentado no *Gestalt Therapy*. Homem de teatro, de forte personalidade, vaidoso, Fritz construiu um modelo muito centrado em técnicas que invadiram o mundo, deformando a face primitiva da Gestalt-terapia. Nos últimos anos, porém, diversos autores, alguns dos quais seus contemporâneos e até discípulos, têm tentado devolver à Gestalt seu rumo inicial, sem perder, contudo, a importância do vivido apresentado por Perls.

A teoria da Gestalt tem se enriquecido com conceitos novos, com nova compreensão dos antigos e, sobretudo, com a busca incessante de uma filosofia de base que lhe possa dar sustentação teórica.

Este capítulo visa apresentar uma síntese, um resumo de alguns desses conceitos que entendo fundamentais. Para alguns conceitos mais comuns e tradicionais, é importante consultar livros já publicados no país.

Esses conceitos deverão ser compreendidos à luz de idéias básicas que podem fundamentar qualquer trabalho terapêutico, seja ele individual ou de grupo.

Não existe uma Gestalt que seja mais pura que outra. A Gestalt-terapia, dada a riqueza de suas propostas, oferece muitas possibilidades de ser operacionalizada. Existem, no entanto, alguns elementos que a distinguem de qualquer outra forma de terapia e até de movimentos dentro da própria comunidade gestáltica que tentam generalizá-la, ameaçando romper-lhe a identidade.

Yontef afirma que todas as terapias, que se apóiam nos três princípios abaixo, podem chamar-se Gestalt-terapia, independentemente do rótulo, técnicas ou estilo do terapeuta. Nenhuma terapia que viole um desses princípios pode ser chamada de Gestalt-terapia e, provavelmente, a plena e total observância de um deles incluirá os outros dois. Assim: 1. A Gestalt-terapia é fenomenológica. Sua única finalidade é a consciência e sua metodologia é a metodologia da *awareness*. 2. A Gestalt-terapia é baseada completamente no existencialismo dialógico, isto é, no processo Eu-Tu, Contato-Saída. 3. O conceito básico da Gestalt-terapia e sua visão de mundo são baseados no holismo e na Teoria do Campo.[1]

Com relação ao item nº 2, acredito que Gestalt supõe sempre uma postura existencialista, não necessariamente dialógica. Os existencialismos encaram a existência de pontos de vista diferentes. Buber, Sartre, Marcel vêem a existência diferentemente, exceto naquilo que faz a sua essência: o sentimento de respeito e responsabilidade pela própria existência e pela dos outros.

1. A existência precede à essência

A questão da precedência da essência com relação à existência remonta aos tempos aristotélicos e poderá ainda ser discutida *ad infinitum*.

Embora pareça uma questão teórica, tem conseqüências práticas de grande alcance para a compreensão do papel do homem no mundo.

Esse princípio significa que a "escolha existencial" é fundamental para o ser humano. Significa que nós escolhemos o que aceitamos, pensamos, rejeitamos, sentimos e até como nos comportamos.

"A consciência e a responsabilidade de ou para o campo total, para o *self* bem como para os outros, dão sentido e modelam a vida do indivíduo."[2]

Nossa opção pela afirmação sartriana de que a existência precede a essência obedece à nossa crença de que o homem é um ser de responsabilidade, um ser permanentemente mutante, um ser de relação. Obedece ao postulado da esperança de que é sempre possível e viável ser diferente, ser novo a cada dia.

Esse pressuposto se fundamenta na crença de que *awareness* e responsabilidade andam sempre juntos e que o processo terapêutico é isto: um caminho constante entre a consciência do que se é e a responsabilidade de atualização. Uma luta constante entre o ser e o ter.

Baseado no pressuposto *awareness and responsibility*, cresce a possibilidade de *response-ability*. Quanto mais alguém se torna consciente de quem ele é e do que está fazendo naquele dado momento, maior será a liberdade que poderá experimentar para mudar e mais capaz se tornará de dar respostas adequadas.

O mundo se divide em duas grandes categorias: aqueles que vivem para ser e aqueles que vivem para ter. Essa diferença faz o sentido da vida.

2. O fenômeno é primeiro, é o óbvio

Lidamos sempre com a realidade como chega até nós. Nós a vemos, a introjetamos, somos tocados por ela. Nem sempre, contudo, a realidade que eu processo é a realidade tal qual está fora de mim. De certo modo, existe em mim um programa — a minha história — que processa tudo a partir do meu mundo de referência interna. Assim, pode acontecer que o que vejo e sinto, ao receber o selo da minha história, sofra um viés. Surge, assim, toda uma possibilidade de interpretações a partir do meu referencial.

Trabalhar fenomenologicamente é tentar ficar com a realidade como é em si, é trabalhar a partir dela. É ver o fenômeno como a realidade primeira e a partir dele e só dele caminhar para a compreensão do que significa ir além do fenômeno.

Procuramos a fonte do conhecimento pela concentração na experiência imediata, sem pressupostos. Óbvio material *versus* óbvio fenomenológico. Assim, podemos distinguir um óbvio material que é a realidade apenas percebida e um óbvio fenomenológico que é a realidade da qual se tem consciência. Isto significa, em última análise, que a experiência única e imediata do sujeito precede toda tentativa de classificação ou julgamento e que se deve estar diante da realidade sem *a priori*, deixando-se acontecer na coisa, com a coisa e através dela.

Descrever o processo é mais importante que interpretá-lo. A pessoa termina por encontrar seu próprio sentido através de seu processo vivido e escutado interiormente por ela.

Uma pessoa só poderá ser entendida se for colocada, em termos de uma relação intencional, na sua tríplice dimensão fenomênica: lugar, corpo, tempo. Estes elementos, componentes da totalidade de qualquer ser, têm que ser vividos, de um lado com neutralidade, e de outro com uma profunda abertura de acolhimento, sem o que o encontro verdadeiro não ocorre, porque o fenômeno não surgirá na sua plenitude. O fenômeno implica em totalidade, a qual é uma exigência interna existencial, pois o ser humano lida mal com o inacabado, com o incompleto.

3. Unidade psicossociossomática

A relação terapêutica não é apenas verbal, é física, social, mental e espiritual. Envolve outros níveis através dos quais a pessoa interage com um dado ambiente. A relação terapêutica é uma relação de totalidade. Terapeuta e cliente se encontram em um campo de forças, em um campo energético, envolvendo processos visíveis e conscientes, invisíveis e inconscientes. Esse campo tem energias negativas e positivas, que se atraem e se repelem dependendo de como se encontram. Essa noção de campo unificado de forças é importante para se compreenderem certos processos, sobretudo no grupo, os quais, aparentemente, não têm explicações, se nos baseamos exclusivamente nas teorias psicológicas. Nesse campo, estão presentes forças de diversos níveis presentes no ser humano.

Assim como o corpo é o inconsciente visível, também o grupo é o inconsciente coletivo visível, do ponto de vista da linguagem e do corpo. O grupo é um fenômeno complexo que se abre à compreensão do observador cuidadoso e curioso.

Assim como somos uma unidade biopsicossocioespiritual, também as manifestações do grupo devem ser vistas como tal.

Essa visão holística do corpo e do encontro terapêutico nos adverte dos riscos da fragmentação do objeto do nosso conhecimento. Na realidade, tudo é uma coisa só e como tal deve ser considerado. Nós dividimos apenas para poder entender. Esse é também o caminho da lógica linear, cartesiana. O processo terapêutico ou o encontro terapêutico é sensível, sem dividir, a essa quádrupla dimensão do ser humano e a tudo o que com ele se faz figura. É próprio do processo de encontro estreitar os laços dessa quádrupla dimensão, porque entendemos que a doença é exatamente o afrouxamento ou a perda desses laços dinâmicos, a perda dessa unidade significativa e operante pela fragmentação dos níveis que a compõem.

O ser humano é um amante inconsciente de sua totalidade; descobri-la e experimentá-la é descobrir que viver é apenas descobrir o sentido da vida. Isto é saúde.

4. Totalidade (*Wholeness*)

A palavra Gestalt sugere uma idéia de totalidade, de partes que se unem em um todo convergente e significativo. Do ponto de vista terapêutico, sua filosofia é que a pessoa deve ser vista na sua totalidade e que o processo terapêutico começa por essa visão de inteireza, de estar todo no processo. Do ponto de vista da relação, ela supõe que ambos se encontrem em um campo único e unificado de forças, donde a noção de totalidade ocupa um lugar central na teoria da Gestalt-terapia.

Tal postura envolve uma visão do outro do ponto de vista intrapsíquico, naquilo que diz respeito à pessoa como singular, do ponto de vista interpsíquico, como ser de relação e transpsíquico, abrangendo a idéia de ser no mundo, sempre em contato com a realidade como um todo: biológica, psíquica, social e espiritual.

Essa proposta ou sistema se aplica tanto à terapia individual quanto à de grupo.

Visamos, portanto, a integração dessas diversas facetas numa pessoa única. Aceitar e celebrar essa totalidade multidimensional é uma possível finalidade da terapia, embasada na própria necessidade de completitude de todo ser humano.

Isso não é imposto, baseia-se na crença de que o ser humano gostaria de experienciar essa totalidade, essa riqueza individual e essa integração da diversidade.

A abordagem gestáltica é essencialmente realística e integrativa, enquanto considera o lado escuro e regressivo do ser humano, bem como seu natural impulso para a saúde, felicidade e auto-atualização. Além disso, não nega as raízes irracionais da raiva, da inveja, do medo, seja em nível individual seja grupal.

A abordagem gestáltica é baseada na absoluta e inseparável unidade da experiência corporal, envolvendo linguagem, pensamento, comportamento. A análise terapêutica é necessariamente um caminhar consciente nessas fronteiras e entre essas fronteiras.

Nosso corpo é um imenso campo em um campo maior ainda. Entre esses campos não existe uma luta destrutiva, mas uma luta pela harmonia, pela equilibração, embora, muitas vezes, as aparências pareçam indicar o contrário. Daí a necessidade de saber ler as aparências, porque é a ambigüidade do processo que nos coloca na pista da verdade.

A Gestalt deseja que a pessoa se torne ela mesma o quanto possível, pois gostamos e procuramos profundamente a sensação de completeza, de plenitude, de unicidade.

Aceitando e experienciando essa unidade maior, alma, corpo e mente, podemos tornar-nos responsáveis e ativos pelo nosso próprio processo de cura, onde o amor e a compaixão desempenham uma função permanente de integração.

Enfim, *Wholeness* e *Holism* significam que as pessoas são muito mais que a simples soma de suas partes. Em cada um de nós existe um movimento para a completeza, para a totalidade. Cada indivíduo é um movimento nessa direção, em busca permanente do seu finalizar, que nunca chega, que nunca termina, por causa de nossa tendência para o infinito.

5. Tendência à Auto-Regulação (Self-Regulation)

Nós temos uma tendência natural para a auto-regulação. A neurose é uma interrupção ou uma distorção neste saudável processo.

Para Perls o *self* é visto como uma função de contatar o presente atual (*here and now*), e ele vê o id, o ego e a personalidade como estruturas parciais e separadas das aparências do *self*. O *self* é definido como um sistema de *awareness* na fronteira entre aquilo que é o *self* e aquilo que não é. O *self* existe e se revela onde há uma mudança nas fronteiras do contato. Onde quer que existam fronteiras e o contato ocorra, aí está presente o *self*-criativo.[3]

A auto-regulação é um processo que ocorre na relação *self*-eu-mundo. Quando estes três sistemas estão em sintonia, a auto-regulação se encontra em homeostase. A resistência neurótica é um desequilíbrio nas fronteiras desses três sistemas eu-mundo-*self*.

O *self* é um sistema ligado ao sentir, ao experienciar, tem um apelo intrínseco para se autodefinir permanentemente. O eu, ao contrário, é um sistema operador, produtor. Age, produz ações adequadas e/ou inadequadas. Está a serviço do *self*. O mundo é um sistema externo e se autoconvida permanentemente a entrar em contato com o *self* e com o eu.

O *self*, visto como um macrossistema, tem a função de auto-regulação e auto-atualização. A auto-regulação é um processo ligado à experiência e sensações imediatas. A auto-atualização é um processo através do qual o *self* se inclina a se programar, *ad infinitum*, para buscar sempre a homeostase.

Para crescerem e se desenvolverem, as pessoas lutam por manter um equilíbrio entre a necessidade de gratificação e a eliminação da tensão.

É nesse contexto que a resistência adquire corpo, como algo que se coloca entre o desejo e sua repressão, como algo que tem a finalidade primeira de regulação do organismo, enquanto inibidora da ansiedade consciente. A resistência surge, pois, como algo que se destina a provocar uma auto-regulação. Atrás de toda resistência existem uma tensão e uma necessidade camufladas. Toda resistência é um desequilíbrio em equilibração precária.

Todas as vezes que existe um desequilíbrio, este será experienciado como uma figura dominante em um fundo de experiências pessoais. A pessoa saudável responde a isso de uma maneira apropriada: restaurando o equilíbrio, liberando energias novas e permitindo o emergir de uma próxima e importante necessidade.

A efetiva auto-regulação dependerá de uma discriminação da consciência sensorial que permita à pessoa usar o que é nutriente para ela e evitar o que não é.

No comportamento não saudável, a pessoa se nutre de alimentos não adequados, falsos. Não existe uma mastigação que depura o bom do ruim, mas um engolir doloroso de alimento que será metabolizado, a grande custo para a pessoa. Talvez, naquele momento, por falta de um suporte interno, de uma consciência maior, de uma vontade efetiva, isso seja a única coisa que a pessoa possa fazer e isso se chama Resistência, palavra sagrada, pois ela é a força dos que não têm força, é a coragem dos que se sentem pequenos e fracos.

Nós entendemos que as pessoas sabem o que é bom para elas. Quando um organismo está regulado em harmonia com sua própria natureza, ele se comporta espontânea e naturalmente. Não existe um esforço em planejar ou em fazer. Quando estamos no ponto de equilíbrio, temos energia para ir em qualquer direção sem investir em alternativas ou em tentativas de manter o ponto morto (imóvel).

Perls chama esse estado de *creative pre-commitment* (pré-confiança criativa). A pré-confiança criativa é um estado, não é um ponto morto, estático. É um ponto-de-espera cuidadoso, um ponto-de-indiferença em um contínuo equilibrado entre ser e não ser, estar e não estar, fazer ou não fazer. Supõe uma postura consciente (*awareness*) e um movimento de interesse e engajamento em estender esse estado a outras direções e possibilidades. É um algo dinâmico, de observação atenta à própria possibilidade de criar que surge a cada instante. É uma sensação como: se acontecer, estou ou estarei lá, inteiro.[4]

A Gestalt-terapia afirma que, quando as pessoas procuram terapia, têm energia e recursos necessários para auto-regulação e que os processos e modelos auto-reguladores saudáveis lhes estão sempre disponíveis.

O neurótico é alguém que tem dificuldade de se manter nesse ponto-de-sabedoria, que é o estado de pré-confiança criativa. Ele ou se lança à realidade sem prestar atenção a ela, ou permite que ela o invada, como se fizesse parte dele. Talvez o que o processo terapêutico faça é tornar a pessoa consciente de poder viver ou conviver com esse estado de pré-confiança criativa, um estado dinâmico de espera, estabelecendo limites claros entre ela e a realidade que a cerca.

Lembremo-nos de que existe uma estreita semelhança entre o modo como alguém se comporta consigo e o modo como se comporta com o mundo.

6. Clareza da Gestalt

Uma clara percepção do presente imediato conduz a uma boa Gestalt, a uma bem-formada e representada relação. Quanto mais alguém é livre de experiências inacabadas que interferem na percepção clara do presente, tanto mais ocorrerá um processo de formação de boas Gestalts. A pessoa deverá ser capaz de ver claramente a necessária relação entre as diversas partes de uma experiência atual sem importar conceitos do passado ou a respeito do futuro.

Esse processo conduz necessariamente à experiência interior do *insight* e, quando isso ocorre, a experiência é tão clara e acabada que erradica qualquer outra possível Gestalt. A mais urgente necessidade determina a mais clara figura.

A percepção da dinâmica entre as partes, figura-fundo, conduz a uma consciência de totalidade que, quando acompanhada de afetos e emoção, produz o comportamento adequado.

A clareza da Gestalt está muito ligada ao processo do aqui e agora. Quanto mais o aqui e agora é contaminado pelas forças do passado ou do futuro menos energia trabalha no campo comportamental do aqui e agora. O aqui e agora é povoado de luz, de vida e de caminhos; o passado é povoado, no mínimo, de lembranças que não servem mais, porque nada retorna e o futuro é contaminado de fantasias que podem nunca se realizar.

Luz plena é sempre função do aqui e agora.

7. Formação e fechamento (acabamento) da Gestalt

A experiência pessoal ocorre em termos da relação figura e fundo.

A situação imediata em que a pessoa se encontra contém elementos formados pela *awareness* do indivíduo, pelo ambiente e pela consciência da relação entre os dois.

Quando uma vivência é resolvida plenamente, passa a ser fundo na experiência da pessoa e permite que outra experiência se transforme em figura. Quando isso ocorre normalmente, a vida fica leve e o indivíduo vive e funciona totalmente no presente.

Para que a formação e fechamento das Gestalts ocorram, a pessoa deve poder funcionar no *here-and-now*. As experiências relativas ao passado e ao futuro diminuem o montante de energia que a pessoa pode gastar *here-and-now*, e, quando o indivíduo insiste em investir nelas uma energia, bloqueia o processo de contato direto com a realidade imediata.

Quanto mais alguém gasta energia nas antecipações ou para manter as memórias, menos viverá a energia própria do presente, e, portanto, menos *awareness* haverá na solução do aqui e agora, e ainda existe um alto risco de uma compreensão errônea do que está, de fato, ocorrendo.

Estamos a todo instante formando novas Gestalts, porque, sendo seres em permanente mudança, estamos também criando e descobrindo necessidades. Tal fato em si poderia se transformar num caos, se não fosse uma também natural necessidade do ser humano de fechar, de completar coisas. Lidamos muito mal com o incompleto, com o inacabado, porque provoca em nós a sensação do não-eu, de uma identidade buscada e nunca encontrada.

Conhecer nossas novas necessidades e satisfazê-las é o processo terapêutico a que a Gestalt se propõe.

8. Figura e fundo

As pessoas vêem o ambiente como uma unidade total de significações, respondendo à totalidade percebida. Esta totalidade se compõe de elementos percebidos imediatamente e outros só mediatamente.

É o mundo interior das pessoas e sua percepção espacial que determinará o que será figura e o que será fundo nesse fenômeno que se apresenta à nossa observação.

A atenção focalizada organiza as partes em relação a um todo visual e uma Gestalt surge como uma figura dominando um campo de impressão.

O processo da diferenciação figura-fundo retrata também o processo pelo qual entramos em contato com nossas necessidades. Ele sinaliza para nós o que é emergente, o que é preferencial. Devemos lembrar que não se trata, apenas, de uma percepção têmporo-espacial, mas de algo existencial, onde a própria natureza do desejo está em causa.

A Gestalt-terapia é um modo de agir, de conceber a realidade a partir das necessidades do indivíduo. Estamos ligados ao discurso do cliente: o que ele fala e o que ele quer. Sabemos que a necessidade organiza o campo, porque é ela que provoca e mantém o processo dinâmico do suceder-se da figura e fundo.

Existem aqueles para quem satisfazer as necessidades é sempre uma figura e aqueles para quem é um fundo. Em algum lugar, esses dois movimentos se encontram, numa convergência que cria a estabilidade do comportamento e permite sua identificação ao longo do tempo.

A morte é a perda da diferenciação dinâmica entre figura e fundo e a vida é seu suceder-se na eterna busca de realizar as necessidades que emergem.

Ser e ter, figura e fundo são também modos preferenciais, existenciais que se estruturam ao longo da vida das pessoas como respostas às suas necessidades individuais ou grupais.

9. Aqui e agora

A Gestalt-terapia é uma abordagem fenomenológica.

A experiência imediata, a vivência imediata representam o momento de entrada na realidade, contêm a chave do passado e do futuro e respondem às questões mais sutis de como o tempo se concretiza e o espaço se temporaliza. Isso é o fenômeno.

"Aqui e agora" não é apenas um conceito têmporo-espacial, ele é também um conceito filosófico, enquanto assinala um modo de conceber a realidade e de lidar com ela. É um conceito holístico, envolve totalidade, enquanto é uma Gestalt cheia, plena. Gestalticamente a realidade é aqui e agora. Para que um ato se plenifique, ele tem de ser possível aqui e agora. Se só o aqui ou só o agora for factível, a realidade estará necessariamente incompleta. É a junção dos dois que cria a possibilidade da plenitude, do encontro total.

Não é uma noção fácil, o que leva Yontef a fazer uma interessante distinção na questão tempo/espaço, que é útil numa visão tanto de um processo curto quanto longo, seja em terapia, seja no quotidiano.

THE NOW: a zona tempo/espaço, agora, se refere ao campo ambiental total da pessoa, em um dado momento e inclui fantasias e planos sobre o futuro, bem como memórias e experiências acerca do passado, vivido na frescura do agora.

THERE-and-NOW: o espaço vital da pessoa que constitui a zona "lá e agora"; inclui a existência atual da pessoa, sua vida real, na relação terapêutica e fora dela.

HERE-and-THEN: a zona "aqui e então" é o contexto terapêutico, que se refere particularmente à centralidade da relação terapêutica, à sua continuidade, à sua história, bem como a outros contextos que influenciam esta relação como agências de referências.

THERE-and-THEN: a quarta zona "lá e então" é a história da vida do paciente, sem a qual não existe uma avaliação de como a pessoa evoluiu através do tempo. É um *background* histórico que permite ao significado emergir.[5]

O "aqui e agora" é a totalidade da experiência do indivíduo e, poderíamos dizer, da experiência humana. Inclui tudo, mas o mais importante é que ele registra, no frescor do momento, as emoções e a solução do seu quotidiano. Na vida como na sessão de terapia, aqui e agora é um momento privilegiado. Nada tem a ver com um imediatismo irresponsável, e sim com uma responsabilidade engajada na totalidade do presente. É um processo totalizador que colhe no imediato todas as possibilidades do agir humano.

10. Polaridade e identificação

Polaridade é um dos conceitos mais dinâmicos em Gestalt-terapia. Também aqui, mais que algo didático, estamos diante de um processo existencial, ante escolhas que temos de fazer.

Esse conceito está intimamente ligado àquele da resistência, enquanto a polarização encerra o segredo de uma escolha, de um caminho talvez mais doloroso, talvez também mais fácil. Não é difícil entender que a escolha da dor pode, às vezes, levar a uma profunda liberdade interior.

A polarização é uma construção nossa, e conhecer-lhe o processo é um caminho seguro para conhecer como alguém se organiza no mundo, como alguém tenta se equilibrar em um mundo ameaçador.

"Polarização é o processo através do qual o indivíduo organiza e simboliza crenças a respeito de si e do mundo. Isto pode ajudar ou ocultar o processo de auto-regulação."[6]

Na prática, é o processo pelo qual alguém categoriza eventos e percepções, usando critérios avaliativos (bom-mau), emoções (amor-ódio), atributos a respeito do *self* (eu/não-eu, criança má-boa), qualidades percebidas de outros (amigo-inimigo).

Essas distinções se transformam em construtos que se tornam rígidos, descompromissados e imutáveis.

A polarização ocorre quando alguém se identifica fortemente com o extremo de uma cadeia de características opostas. Isso pode levar a uma atitude de descrédito do eu e das posições dos outros, à tendência a investir, cada vez mais, energia no pólo com o qual a pessoa se identifica particularmente, e finalmente à negação de experiências e características que não se conformam com os construtos atuais da pessoa.

A polarização de sentimentos, atitudes ou valores incapacita o indivíduo a estabelecer bases definitivas de como se relacionar com o mundo e simplifica experiências complexas reduzindo-as a discretos e predizíveis elementos. Nessas circunstâncias, o indivíduo acha fácil interpretar os acontecimentos e descobrir respostas para eles. Isso pode dar uma sensação de segurança.

A polarização leva, necessariamente, a construtos dicotômicos, o que conduz a uma postura de que todas as atitudes se tornem predizíveis e, quanto mais isso ocorre, tanto mais a pessoa perde a sensação de estar viva.

Na verdade, a pessoa vive um permanente impasse, sem o suporte interno que não lhe basta mais e sem o externo ao qual ela não tem acesso. Uma sensação de divisão interna, de viver uma dupla realidade, pela incapacidade momentânea de escolher um dos lados ou de vir para o centro onde os pólos se encontram e que eu chamo de Ponto de Convergência Energética. Isso significa introduzir na parte aceita elementos da parte negada e na parte negada elementos da parte aceita.

Por isso, algumas pessoas se sentem meio mortas, vivas pela metade, e experienciam essa incapacidade como sendo um "aceitável ajustamento com o mundo". Na verdade, é o medo que faz com que tendam a estabelecer um rígido controle sobre o ambiente e sobre si próprias. Passam a criar dois sistemas de respostas, de referência, e tendem a responder mais àquele a que mais se adaptam, esquecendo-se de que ambos foram criados por elas próprias.

O poder que emana dessas experiências dá uma falsa experiência, uma falsa perspectiva da dimensão dessa experiência. "O processo de identificação é um processo de negação; a pessoa nega um dos lados da polaridade, para poder se identificar com o outro[7]." Por vezes, a pessoa está procurando restaurar um equilíbrio e é comum sentir isso como um impasse, um bloqueio de energia e atenção que impedem a solução dos problemas que ocorrem. O impasse precisa ser explorado de tal modo que ele revele os conflitos escondidos na pessoa, para facilitar a solução.

"Aceitar partes negadas é um processo difícil, porque o movimento para negar, o qual conduzia à rejeição original, pode permanecer. É ameaçador aceitar características que desafiam crenças antigas a respeito de nós mesmos. O processo terapêutico, que conduz ao conhecimento da verdade, restaura o processo de auto-regulação, onde uma emergência saudável de necessidades e consciência surge espontaneamente. O indivíduo tem que se identificar com as partes negadas de si mesmo. Elas não podem ser afirmadas ou integradas até que tenham sido admitidas[8]". Como um organismo auto-regulador e auto-organizador, a pessoa encontra um equilíbrio ao restaurar as partes que haviam sido negadas durante tanto tempo.

A polarização é fruto de uma opção inconsciente diante de um perigo existencial. Tecnicamente, trabalhar a polaridade significa "levar" a pessoa a optar por um dos lados. Ambos levam ao mesmo lugar. O processo de reencontro com a parte negada ou mais negada — porque, de fato, existe uma negação também na parte escolhida — leva a uma consciência maior das possibilidades existenciais da pessoa. Ver-se na totalidade, reconhecer seu pólo positivo e negativo, possibilita o amor de uma parte pela outra e a recriação de um verdadeiro processo que leva a pessoa ao seu mais profundo e verdadeiro *self*.

11. Necessidades emergentes

A Gestalt-terapia vê a pessoa como um organismo com processos fisiológicos, psicológicos, sociológicos, espirituais e afirma que estes processos ocorrem num contexto de um campo total. Estes processos não ocorrem isoladamente. As pessoas dependem de uma interação organismo-ambiente para se nutrirem.

A Gestalt-terapia deve ser concebida como uma abordagem relacionada com a necessidade do organismo em se satisfazer, bem como com sua necessidade de se completar totalmente.

Uma necessidade surge e desaparece na razão em que recebe atenção e é satisfeita. Esse processo perceptual contínuo é visto pelos psicólogos fenomenológicos como um modelo de funcionamento geral humano. Em termos perceptuais, a pessoa se centrará a todo instante em volta de uma imagem clara e seu comportamento se orientará no sentido de satisfazer a necessidade dominante.

A formação saudável da Gestalt é um contínuo processo de figuras que emergem e retornam e de campos que se reestruturam a cada instante.

A mais alta prioridade emergirá de um complexo de necessidades. A satisfação das necessidades exige o uso da agressividade, de uma força de vida ou energia para encontrar o que é nutritivo e satisfatório no ambiente. A parte nutridora do ambiente é assimilada para conseguir satisfação.

O significado emerge da relação entre figura e fundo em uma percepção única do indivíduo. Essa percepção é transformadora na razão em que é uma percepção emocionada e não simplesmente um constatar que a realidade pode ter múltiplas faces.

O ser humano cresce através de um duplo processo: o da privação e o da alimentação.

Às vezes, privar-se é a melhor forma de alimentação; outras vezes, alimentar-se é a pior forma de privação.

O equilíbrio nasce da relação harmoniosa entre o eu e o ambiente. Somente numa relação íntima entre esses elementos ocorre o crescimento verdadeiro.

Contato é isto: eu e você, você e eu, você e o ambiente, eu e o ambiente, nós dois e o ambiente, o ambiente e nós dois. Num casamento misterioso entre figura e fundo é possível que as verdadeiras necessidades ocorram e que a verdadeira vida aconteça. Isto é Gestalt.

12. Conscientização e atenção

A compreensão da *awareness* se tornou um princípio fundamental no processo de formação de uma Gestalt completa, a qual, por sua vez, passa necessariamente pela compreensão da relação dinâmica e harmoniosa entre figura e fundo.

Awareness é definida como: "o fluir perceptual de uma figura a outra numa viva progressão, enquanto determinada pelas necessidades. O adequado funcionamento da *awareness* mostra o estado de saúde de um indivíduo. A *awareness* é viva, caracterizada pelo surgir e pelo assinalar não só da formação, mas do acabamento, do finalizar da Gestalt".[9]

Façamos uma distinção entre estar consciente e estar atento.

Awareness e *attention* não são sinônimos:

A atenção pode ser espontânea, um reflexo orientado, relativo a uma sensação não habitual que pode ocorrer no ambiente, mas não conduzirá a uma experiência de reconhecer ou intuir a realidade. A atenção é de natureza diversa do estar consciente. A atenção é fundamental para que ocorra o processo de cura. É ela que mantém a pessoa ligada à realidade fora dela e tal fato impede que dados externos a essa realidade penetrem no campo da consciência. O estar atento implica aquela postura de observador consciente, embora o olhar seja, sobretudo, de fora para dentro.

O estar consciente (*to be aware*) é ter consciência da própria atenção, da própria consciência. É um olhar de partes internas entre si. É como se nada mais pudesse perturbar o que está dentro. Trata-se agora de ver este dentro e de se preparar para que ocorra o *insight* quando ocorrer.

A língua inglesa distingue entre: *to be conscious* e *to be aware*. Estar consciente de alguma coisa é diferente de estar consciente de que se está consciente a respeito de algo.

A diferença maior, entretanto, está no fato de que, existencialmente, eu posso me livrar do meu estar atento (*conscious*), não me responsabilizando por ele, porque é um movimento praticamente da mente, que "vê", mas pode não registrar; por isso, Perls dizia que o neurótico é alguém que tem dificuldades de lidar com o óbvio. De outro lado, não há como se livrar da própria consciência (*awareness*), porque este ato é como uma iluminação e, uma vez iluminado, não há como fugir da própria luz, do próprio olhar, da própria certeza, da própria verdade.

Perls dizia que a *awareness* é, por natureza, curativa, ao passo que a *attention* é mais uma condição de cura.

13. O relacionamento terapêutico

Relacionamento terapêutico é um conceito e envolve, ao mesmo tempo, um processo extremamente delicado. É um conceito como se fosse uma palavra só. Terapia é uma relação a dois. Carece de adjetivos, é um substantivo concreto. Existe, se vê, se toca, se sente. Se isso não existe, não é terapia.

Isto posto, como todo substantivo, também a terapia tem seus adjetivos.

O valor primordial desse vivo encontro existencial é que duas pessoas estão se arriscando em um diálogo, em um processo de cura. Sua finalidade é um cheio, completo e autêntico momento entre duas pessoas. O desenvolvimento da capacidade para formas genuínas de relacionamento é o coração do processo de cura e é o que nós chamamos de relação dialógica.

Essa relação passa por dois parâmetros, que Buber chama de Relação Eu-Tu e Eu-Isso.

Buber descreve a Relação Eu-Tu como "um encontro genuíno entre dois seres únicos no qual ambos abertamente respeitam a humanidade essencial do outro, aquilo que faz com que alguém seja único, irrepetível".[10]

Nesse relacionamento, ambos estão engajados na própria mutualidade, onde um é afetado pelo outro, dando lugar a mudanças. Somente em um contexto de legítimo e autêntico relacionamento, a *uniqueness* do indivíduo pode ser verdadeiramente reconhecida e aceita e se transformar num fermento que leveda.

A Relação Eu-Isso é mais comprometida com os parâmetros das pessoas em questão. Supõe uma atitude mais terra, mais quotidiana, com *a priori*. Ambas, entretanto, constituem o chão do encontro terapêutico, porque a atitude Eu-Isso é o processo que leva à relação Eu-Tu, que ocorre, apenas, ocasionalmente.

14. Contato

Somos necessariamente um ser de relação e tal fato coloca a noção de contato no cerne da própria natureza humana. Seres de relação, nascemos para estar em contato. O contato é o processo que permite a relação acontecer e acontecer em duplo aspecto, aproximando e separando as pessoas umas das outras. Sem este movimento, o encontro desapareceria no caos, perderíamos nossas possibilidades de colocar limites e, conseqüentemente, perderíamos a nossa própria identidade.

Ciclo de Contato
Formação e Destruição de Gestalts

Figura 1: Adaptado de Clarkson, P. (1989) *Gestalt Counseling in Action*.

O contato ocorre numa tríplice direção: comigo, com o outro, com o mundo. Não só apenas eu faço contato, entro em contato, mas toda a natureza entra em contato comigo independentemente de minha permissão. Basta estar vivo para que todo o universo se ofereça para um encontro com esta realidade. O encontro ocorre sempre provocado pelas energias de ambos os lados.

O encontro não ocorre entre idênticos. É a diferença que permite o encontro. É a diferença que permite o reconhecimento da identidade do outro e a minha.

O contato me permite olhar para o outro, percebê-lo diferente de mim, maior ou menor que eu, e me motiva a crescer, a procurar minhas possibilidades sozinho e com o outro.

Todo o meu ser é predisposto para o contato. Todos os meus sentidos são canais de contato entre meu eu e o mundo fora de mim. O contato, entretanto, é basicamente uma função do meu *self*, pois, se perco o contato comigo, não há como entrar em contato com o mundo fora de mim. O meu corpo é o meu campo geográfico. Esse campo se abre às emoções, aos afetos com o outro, apenas e só na razão em que minhas fronteiras forem tocadas pela abertura do outro. Quando dizemos que o contato se dá nas fronteiras do eu-não-eu, queremos dizer que existe um lugar para onde ambas as energias fluem, tornando possível uma troca nutritiva.

Sempre que existe uma invasão de fronteiras, houve toque, não, porém, contato. Todas as vezes que houve contato existiu simultaneamente toque, mas o inverso não é verdadeiro. O contato é transformador, o toque não. Toque é apenas atingir a realidade, contato é ultrapassá-la.

Conhecer o modo como a pessoa faz contato consigo é conhecer o modo como ela se utiliza para contatar o mundo. Nosso modo de fazer contato, de entrar em relação, é a manifestação inconsciente de nossos medos, de nossa coragem, de nossos programas internos.

O ato terapêutico é, por excelência, um momento de contato. O olhar, o cheirar, o tocar, o ouvir, o saborear estão presentes no ato terapêutico como no quotidiano. Observar como funcionam essas funções é observar como delimitamos o ato criador e espontâneo de viver e estar vivo com outros.

Se pensarmos na curva de contato ou no Ciclo de Experiência e Contato podemos didaticamente conhecer como alguém se impede no fluxo do contato, que, em última análise, é o fluxo da vida.

O contato é a antecâmara da *awareness* e também aqui podemos dizer que a *awareness* contém necessariamente contato, mas contato pode ocorrer sem *awareness*. Tal afirmação vai ser importante quando, mais adiante, afirmarmos também que a resistência é sempre resistência à *awareness* e não ao contato. É a não consciência interna da dimensão do contato que produz a resistência.

Não é sem razão que contato se tornou um dos conceitos chaves da Gestalt-terapia, porque humanismo significa, em última análise, acreditar que só no contato profundo e verdadeiro é possível que o ser humano se reencontre e, nesse reencontro, encontre a alegria de ser pessoa.

15. Matriz

Na visão da Teoria do Campo e Holística, matriz é um conceito unificador de subsistemas. A matriz inclui tudo. É um universo que armazena informações, faz combinações e potencialmente possui e explica o que ocorre no grupo. É uma realidade dinâmica, que registra a história do grupo e que se modifica, a cada instante, sempre que incorpora um elemento novo. Uma vez formada a matriz, consciente ou inconscientemente, todos os elementos do grupo vão buscar ali explicações para o que ocorre no grupo.

A matriz grupal é uma produção do grupo, sendo qualitativamente diferente da soma quantitativa das matrizes internas de cada um de seus membros. A matriz é complexa, flexível, receptora e inteligente. É um centro condensado e condensador de relações, onde contatos se processam, onde a dinâmica da mutabilidade da relação figura-fundo se torna viável pelo grau de permanência sistêmica que possui e de onde a *awareness* procede, enquanto efeito da relação de totalidade que a matriz possui, através da inteligibilidade que empresta às partes que contém.

A matriz é uma Gestalt que se refaz harmonicamente a cada instante, enquanto expressão de uma auto-regulação indivíduo e grupo. Funciona como uma UPC, como uma Unidade Central de Processamento, não estática, mas dinâmica, capaz de explicar a realidade grupal a partir dos dados que possui.

16. O lugar da técnica em Gestalt-terapia

O terapeuta, querendo ou não, usa técnicas o tempo todo. "Técnicas", no entanto, passou a significar algo mágico, separado do contexto, algo intrusivo na intimidade do outro, algo violento, levando o cliente a lugares que ele não planejou e nem estava preparado para enfrentar ou conhecer.

O terapeuta tem instrumentos gerais e específicos. Estamos falando destes últimos, cujo uso é sempre legítimo, desde que nasçam da espontaneidade do encontro, do emergir do fenômeno, da realidade que demanda uma ação específica, aqui e agora.

A abordagem gestáltica pode usar uma variedade de técnicas, porém específicas e dentro de uma postura holística, que tenta integrar corpo-mente, fantasia e realidade.

As técnicas ou seu uso são sempre um ato de criação e o gestaltista pode dar asas à sua imaginação, convidando o cliente para uma experiência elevada corpo-mente-*self*, para um autêntico encontro com pessoas significativas, com um relacionamento forte com o ambiente, com uma idéia ou imagem incompreensíveis, com um sonho, etc.

A riqueza das técnicas da Gestalt só é limitada pela imaginação, inteligência e responsabilidade conjuntas do cliente e do terapeuta. É o encontro e sua qualidade que determinarão os limites do ato criador presente no experimento.

Uma técnica jamais é prescritiva, exclusiva e nunca ajuda, quando fora do contexto, divorciada do fluir, momento por momento, entre terapeuta e cliente. O uso mecânico de técnicas é antiético e contra o verdadeiro espírito da Gestalt-terapia.

A Gestalt faz do diálogo entre duas pessoas a dimensão central do processo de cura. Nada pode dar legitimidade ao experimento a não ser uma relação de encontro baseada na clareza, na assertividade, na aceitação mútua e no fluir criador entre cliente e terapeuta.

Na Gestalt, é possível não usar materialmente nenhum experimento. "Qualquer gestaltista pode parar de usar técnicas gestálticas, que nunca foram usadas, e ir direto à Gestalt-terapia. Se não puder fazer isso, então não estava fazendo Gestalt-terapia. Usava uma porção de mágicas."[11]

A experimentação provavelmente será sempre uma característica da Gestalt-terapia, pois, como diz Zinker, a Gestalt-terapia é definida como permissão para criar.

Perls afirma: "O gestalt-terapeuta não usa técnicas, ele usa a si mesmo na situação com toda a habilidade e experiência de vida acumulada e integrada. Existem tantos estilos quantos são os terapeutas e os clientes, que descobrem a si próprios e os outros e juntos inventam sua própria relação".[12]

Podemos usar técnicas sem sermos invasivos, como ocorreu no passado, pois o grande enfoque é posto na relação de encontro entre duas pessoas e no diálogo criativo.

Numa palavra, a abordagem gestáltica enfatiza o maior ângulo de abertura, de flexibilidade e estrutura possíveis, dependendo da necessidade particular de cada momento no processo de cura.

Conclusão

Aqui a Gestalt fica inacabada. A Teoria da Gestalt tem muito que caminhar para responder adequadamente a um modelo de terapia.

Falta à Gestalt uma teoria de fundo, integrada, que lhe permita ter uma visão homogênea do mundo.

Ela se vale da Teoria do Campo, da Teoria Holística para formar uma visão do mundo e da Fenomenologia Existencial para ter um "como" observar essa realidade e como agir conseqüentemente.

É nessa trilogia que reside toda a riqueza da Gestalt-terapia. Longe de ser filha do nada, ela é fruto de uma síntese harmoniosa que também empresta ao agir terapêutico consistência, lógica e, sobretudo, amor.

Estes conceitos, mais que construtos, são processos através dos quais a realidade acontece, pode ser lida e traduzida.

A conseqüência disso é a impossibilidade de categorizações tão ao sabor daqueles que precisam saber onde se encontram para poder agir, como se fosse possível conter a realidade em conceitos.

Joseph Zinker diz que a Gestalt terapia é um convite para criar. Fritz Perls intuiu a beleza de poder criar, e este é o seu grande legado.

O fundamental é que o gestaltista seja um profundo conhecedor destas três teorias, para que o seu agir terapêutico, longe de ser um pulo no escuro, seja uma estrada de mão dupla, onde ele e o cliente possam se movimentar com espontaneidade própria de quem optou pela liberdade de criar o próprio caminho, a própria estrada.

Os conceitos não são para amarrar, constituem marcos teóricos onde cada um vai buscar seu próprio ritmo para entrar e sair das coisas com segurança, para poder sentir a música do outro e dançar com ele a beleza e o risco de estar vivo, para poder sinalizar esta caminhada que é o processo terapêutico sem se perder nos meandros do mistério da pessoa humana.

Referências Bibliográficas

1. Yontef, *in* Clarkson, P. 1989, p. 26.
2. Perls, F. 1976, p. 49.
3. Perls, F. 1951/69.
4. Perls, F. 1951.
5. Clarkson, P. 1989, pp. 23-24.
6. Korb, M., *et alii*, 1989, p. 13.
7. Korb, M., *et alii*, 1989, p. 15.
8. Korb, M., *et alii*, 1989, p. 14.
9. Korb, M., *et alii*, 1989, p. 7.
10. Buber, M., 1985, p. 27.
11. Resnick, R. W., 1984, p. 14.
12. Perls, F., citado por Smith, P., 1977, p. 223.

CAPÍTULO II

O PROCESSO GRUPAL

O processo grupal é a vida íntima e inteira de um grupo, algo que se forma lentamente e se inicia tão logo duas pessoas se encontram e se propõem algo em comum. Não termina nunca, porque em permanente mudança. É sempre novo, porque é uma coisa viva, transformadora, contida e incontida, mensurável e imensurável, real e simbólica, cheia de evidência e mistério.

Quando se fala em processo grupal, duas questões surgem de imediato: "o que é um processo?" e "o que é um grupo?", e daí surge uma terceira: "como isso acontece?"

Estamos falando de grupo primário, o qual contém de oito a doze pessoas e no qual todo o grupo terapêutico deve transformar-se.

Sem entrar profundamente na sua definição, um grupo primário é um grupo de pessoas caracterizado por uma associação ou cooperação face a face. Ele é o resultado de uma integração íntima e de certa fusão de individualidades em um todo comum, de tal modo que a meta e a finalidade do grupo são a vida em comum, objetivos comuns e um sentido de pertencimento, com um sentimento de simpatia e identidade.

1. Processo

Processo, no ser humano, é todo movimento existencial com um sentido de mudança. Esse processo tem duas características básicas: algo de permanente e algo de transitório.

Isso significa que estamos falando de um conceito dialético, que, de certo modo, é comparável à tese, antítese e síntese, bem como ao conceito de figura e fundo, cuja mobilidade cria a permanência de poder ser visto diferentemente a cada momento.

Quando falamos de um conceito dialético, é preciso vê-lo como um todo, por causa da relação de polaridade incluída nesse processo, no sentido de que tanto no processo quanto na polaridade não existe uma linearidade lógica entre os conceitos, e sim algo que me permite colocá-los um ao lado do outro, sabendo que são diferentes, embora contenham elementos que os mantêm em relação.

Bom-mau é uma relação sujeito-objeto, realidade-idealidade, e é, por natureza, analógica.

Estamos falando de dinamicidade de qualquer processo, seja no quotidiano seja no grupo: dinâmico-estático-vida-paz-morte. Isso significa que o grupo tem um elemento permanente, que chamamos matriz, e um transitório, que chamamos processo, mas ambos contêm em si permanência e transitoriedade, ao seu modo.

O processo é uma qualidade, um *motuum continuum* que se automantém através da permanência e da transitoriedade. É um acontecimento, um movimento dentro-fora-dentro, numa relação de tempo e espaço, que ocorrem numa dimensão de temporalidade e atemporalidade, no aqui (espaço) e no agora (tempo).

O processo grupal tem um lado visível e um invisível, que são captados a partir de sua própria realidade, da natureza interna de seus fatos e da dimensão de relação que cada um estabelece com ele.

O grupo, como processo, é uma unidade permanente de mudança: interna e externa. Esse movimento é convergente e divergente ao mesmo tempo. Tudo está incluído.

Nessa visão, o grupo é uma totalidade, uma unidade complexa, um campo de forças, onde cada vetor exerce um ponto de pressão sobre o espaço vital, mantendo a fisionomia grupal e permitindo que ela se altere a cada instante.

O processo externo e visível do grupo, como barulho, pessoas que se dão as mãos, olhares, é provocado pelo mundo interno dos participantes; porém esses processos internos afetam e modificam a realidade externa. Ocorrem tanto em nível consciente quanto inconsciente e em ambos os casos podem acontecer sem um real metabolismo, embora sejam incorporados à matriz grupal.

Matriz é um conceito que será usado ao longo deste trabalho sempre para expressar uma realidade invisível, porém atuante, sendo ela um construto e um processo ao mesmo tempo. Como construto, é algo semelhante a conceitos como inconsciente grupal, cultura grupal, atmosfera de grupo, mentalidade de grupo. Como processo, posso aproximá-lo da noção de figura e fundo, onde se percebe algo nebulosamente estático, porém dinamicamente em movimento, sempre à procura de atualizar-se. A matriz está permanentemente em mudança, porque se modifica sempre que incorpora elementos novos, tal como o conceito de figura-fundo, onde o emergir de necessidades cria a dinâmica da percepção transformadora. Em ambos existe um elemento, um fio, um elo que lhes permite modificarem-se a cada instante, sem deixarem de ser essencialmente eles mesmos.

Quanto mais complexamente esses estímulos externos afetarem a matriz grupal, tanto mais difícil será a leitura correta de como são incorporados, sobretudo porque, dentro do princípio de que "tudo é uma coisa só", eles podem, *a priori*, ser provocados por movimentos internos da própria matriz.

Os movimentos internos são processos ainda mais complexos, podendo operar também tanto no nível consciente quanto no inconsciente: são percepções, sentimentos, emoções e fantasias.

Estes processos ocorrem no interior do grupo e de seus membros. O grupo, como um todo, pode estar experienciando as mesmas sensações e sentimentos, algo que ocorre no nível de matriz. Individualmente, as pessoas podem não ter acesso a tais sensações. Pode ocorrer que um indivíduo esteja experienciando sensações que são basicamente singulares e suas, havendo um hiato entre ele e a matriz. Poderíamos, então, falar de conflito na fronteira do contato. O normal é que as matrizes internas individuais se cruzem com aquela do grupo, e a convivência terapêutica levará a essa fusão.

O mesmo fenômeno pode acontecer com o comportamento visível do grupo, que está sonolento, distraído, ocorrendo um estado de contaminação do inconsciente individual. De algum modo, o inconsciente visível, ou seja, o grupo, como entidade aqui e agora, está revelando sua história interna de sentimentos proibidos de se externarem, está revelando a matriz invisível e atuante através da postura grupal.

O grupo é como uma rede, como uma teia de aranha, onde cada elemento funciona como um ponto nodal independente, mas psicodinamicamente interligado, agindo como um subsistema, onde cada um afeta o outro e é afetado pelo conjunto, criando uma matriz operacional.

Matriz é um conceito holístico, onde o grupo é visto como diferente e anterior à soma de suas partes.

A matriz do grupo deve ser entendida como uma totalidade dinâmica, como resultado da ação conjunta do grupo, a ela fazendo referência todos os fenômenos grupais e individuais, sobretudo os de natureza tipicamente inconsciente. Esse não é um conceito ou processo absoluto, pois, sobretudo no início do grupo, os indivíduos possuem uma fronteira de contato muito rígida e, muitas vezes, intransponível, podendo ocorrer processos individuais que somente mais tarde serão incorporados à matriz grupal.

Após umas dezesseis horas de grupo, temos a impressão de que sua matriz pode ser sentida e até delineada, ou seja, uma cultura grupal, normas, valores, já começam a ser delineados e a eles o grupo recorre para saber o que fazer em casos de dúvida. Embora se possa ter uma certa consciência da resistência e força da matriz, muitos dos processos de grupo ocorrem em nível inconsciente, tais como associações livres grupais, reação em cadeia, fenômeno de condensação, e outros.

Na base de todos esses fenômenos está o sistema inter e intrapsíquico de comunicação de cada elemento do grupo com o mundo interno e externo.

O sistema de comunicação é a matéria-prima da matriz grupal.

Cada indivíduo está para a matriz como cada grande avenida ou ruas principais estão para uma cidade. Elas são ponto de chegada, de saída, de passagem, de evitação, embora milhões de coisas ocorram também nas ruelas, nos becos, que afetam profundamente a vida da cidade.

Holisticamente falando, nada é neutro de significação. Cada rua contém a cidade e a cidade contém cada rua, cada indivíduo contém o grupo e o grupo contém cada indivíduo. A trama de significações passa necessariamente por tudo e todos, de tal modo que a matriz contém o invisível e o visível, dependendo das necessidades do indivíduo ou do grupo para que algo se movimente como figura ou como fundo.

O grupo é um permanente processo de comunicação, compreendida aqui como todas as coisas que nele acontecem: o corpo, palavras, posturas, um perfume, a roupa. Todas as coisas são canais visíveis de invisíveis relações do indivíduo com a realidade que o cerca. Esse processo pode ser alterado pelas mais diversas formas de comunicação, como os *acting outs*, que são formas sutis e, às vezes, destrutivas do processo de auto-regulação do grupo. O grupo não é apenas algo fisíco, visível, que só existe na sala de terapia, é uma entidade psíquica, existindo mesmo quando as pessoas não estão fisicamente presentes no mesmo lugar. Ele possui uma zona de irradiação e qualquer elemento que penetre nesse campo contamina toda a sua área.

Quero chamar a atenção sobre um modo especial de comunicação: a palavra, que, no grupo, assume grande importância, enquanto sinal e instrumento de pessoas que se fazem testemunhas qualificadas do processo de cada um.

A palavra está no coração do processo grupal, pois é, ao mesmo tempo, som, símbolo, significado, sinal, tornando-se um dado.

O grupo, mais que o indivíduo, persegue a palavra até que esta lhe dê sua totalidade, uma permanente redução fenomenológica. A palavra é um fenômeno que se transfenomenaliza, pois tem, por natureza, várias possibilidades de ser entendida.

Saber escutar é altamente energético e transformador.

Os equívocos do processo de comunicação passam por três níveis ligados à própria natureza da palavra, que tenta expressar o que o indivíduo tem na cabeça. As palavras podem ser unívocas, quando significam exatamente a mesma coisa para dois sujeitos; ambíguas, quando não conseguem ultrapassar a si mesmas, provocando confusão; podem ser análogas, sendo a analogia um meio caminho entre a realidade em si e a fantasia de quem a recebe. A ambigüidade se coloca no centro desse tríplice processo de comunicação.

Esse processo é vital para se compreender a realidade interna, essencial de um momento do indivíduo ou do grupo. Isso significa que, quando quero captar a real significação de uma palavra, necessito captar o real sentido do processo que ela oculta.

A palavra é um fenômeno que, quando apreendida como um todo na relação, ultrapassa a si mesma e cria a possibilidade de uma *awareness continuum*, pois, quanto mais limpa e menos contaminada, maior a possibilidade de que através dela ocorra o *insight*.

O grupo é, inicialmente, um dado nebuloso, à procura da própria claridade. Assim, nós colocamos a questão: até que ponto podemos, de fato, descrever, entender, interpretar e dar significado ao que ocorre no grupo como um processo? Até que ponto podemos ter um entendimento compreensivo e totalizador de sua matriz?

Assim como o indivíduo tem internamente um comando para auto-regulação, para uma autodeterminação organísmica, assim também o grupo. Desde que o grupo, a partir de sua constituição, se programe para obter o seu próprio bem-estar, todas as suas forças se organizam no sentido de produzir a auto-regulação, de produzir sua própria cura. O grupo passa por um processo de purificação interna e externa, enquanto um campo onde a fronteira se abre e se fecha para deixar fluir o bom e deixar sair o não bom. É importante que se perceba esse fluxo, que, como ondas do mar, no seu ir e vir, estão em constante purificação de suas águas, como figura e fundo que, no seu suceder-se dinâmico, se movimentam sempre no sentido de que a necessidade mais urgente apareça.

Daí a necessidade de se ver e estudar o grupo de diferentes ângulos, quando queremos perceber esse movimento de purificação. Tudo o que acontece no grupo é rico de significação, nada é neutro. Tudo é uma forma de linguagem.

Algumas vezes, uma pessoa sente exatamente a mesma coisa que a outra; às vezes, o grupo inteiro, como numa reação em cadeia, sente a mesma coisa: ansiedade, medo, raiva; às vezes, o grupo pensa da mesma maneira e produz um mesmo e único *insight* a respeito de um tema existencial. Entendemos e percebemos o grupo a partir de sua totalidade, que inclui tudo, mesmo situações aparentemente sem significação.

Essa linguagem ou forma de significação pode ocorrer em dois níveis: como uma percepção sensorial ou como uma reflexão intuitiva.

Esses processos podem ser individuais ou grupais.

A percepção sensorial é um comportamento molecular, um processo corporal, um movimento interno, através do qual o organismo como um todo reage a um estímulo externo, experienciando uma modificação, que é independente do controle da mente, como um bater forte do coração, um suor inexplicável, uma dor de cabeça súbita.

Do ponto de vista terapêutico, esses sinais são informações que vêm do inconsciente corporal, brotam do íntimo do ser e têm a finalidade precípua de colocar o sujeito em contato com algo perigoso e de informar que a fronteira da proteção corpo-mundo se acha sob ameaça.

Trata-se, portanto, de uma informação precisa, absolutamente confiável, enquanto independente do controle de razão. A análise desse fenômeno nos remete ao coração de um processo já em andamento.

A reflexão intuitiva é um processo mental que vem da matriz interna de pensamentos e sentimentos de cada um. Ela explica processos como: reação em cadeia, fenômeno de condensação, etc.

O grupo funciona como se fosse um grande cérebro, uma UPC com informações dinâmicas, pronto para produzir uma série de dados tão logo acionado por um estímulo externo.

Como o grupo, enquanto processo, é o inconsciente visível dos inconscientes individuais que o compõem, ambos os inconscientes são fundamentais para se entender e analisar o movimento interno grupal, para se passar da *awareness* individual à do grupo, para se passar do contato intrapsíquico ao interpsíquico.

Nossa tendência é ver o grupo como um todo e captar a totalidade do que ocorre a partir do ponto de vista da Teoria do Campo e Holística, sabendo que todas as vezes que se trabalha um dos elementos deste campo tal fato introduz modificações em todo o sistema.

No grupo, existem muitos níveis de inter e intradependência de relação. Esses níveis atuam como subsistemas e quando um é afetado todo o sistema se altera. O grupo, como um todo, é um espaço vital, onde cada elemento funciona como um vetor que atua no sentido de entrar e/ou de sair, dependendo do equilíbrio que se quer instaurar ou romper. O grupo é um campo de força, onde cada um atua sobre o outro e onde cada um é a miniatura de todos. Formada a matriz grupal, trabalhar um seria trabalhar todos e trabalhar cada elemento individualmente.

Estamos falando de processo grupal. Este tema é diretamente ligado ao conceito de mudança e ao conceito da natureza do processo psicoterapêutico. Na realidade, psicoterapia diz pouco no sentido de cura, mas diz muito no sentido de mudança, ou seja, mais do que à cura, psicoterapia diz respeito à mudança e às necessidades.

Tudo o que acontece no grupo produz mudança no seu sistema interno de equilíbrio. Quando pensamos o grupo como uma entidade anterior ao indivíduo, não como soma dos problemas de cada um, e sim como uma unidade contenedora e diferente da soma desses problemas, ou seja, o grupo visto como um fenômeno em mudança, fica claro que as alterações na estrutura ou na matriz do grupo passam necessariamente por alterações anteriores nos indivíduos. Quando se dá conta de que um grupo mudou, está diferente, os indivíduos singularmente já passaram por diferentes mudanças,

Definindo o homem como um ser biopsicossócio-espiritual, também o grupo deve ser definido como uma unidade biopsicossócio-espiritual, sofrendo tanto quanto o indivíduo a força, a influência dessas dimensões.

Tanto os indivíduos que o compõem, como o grupo experienciam níveis de ser e de acontecer: nível de aspiração existencial e nível de realização essencial.

SER E TER

CORRESPONDÊNCIA DE NÍVEIS	
NÍVEL DE ASPIRAÇÃO EXISTENCIAL	*NÍVEL DE REALIZAÇÃO ESSENCIAL*
Transcendental	Espiritual
Psíquico	Mental
Horizontal	Ambiental
Vertical	Biológico

Esses níveis trabalham juntos e complementarmente.

O nível de aspiração transcendental é realizado, vivenciado através do aspecto espiritual do indivíduo ou do grupo e assim ocorre também com os outros três níveis. Esses fenômenos ocorrem isolada ou grupalmente, podendo um único momento no grupo ser tão rico que envolva todos esses níveis, embora em graus diferentes.

Exemplificando: o grupo tem uma fala de quanto é difícil hoje a vivência do espiritual, contato com o divino, e indica dificuldades concretas para esse processo de purificação (nível transcendental — aspecto espiritual). O tema do grupo é uma fala sobre identidade, sobre o ser ideal, sobre o sentido da vida e da morte (nível psíquico — aspecto mental). O grupo fala da dificuldade de estar no mundo (nível horizontal — aspecto ambiental). Vivendo essas dificuldades, o grupo experiencia um cansaço, um desânimo físico, talvez até sonolência em alguns (nível vertical — primitivo e aspecto biológico).

Esses níveis são dimensões da existência e essência humanas e, juntamente, representam aquela totalidade, aquela plenitude pela qual não só o indivíduo, mas também o grupo, anseiam e estão sempre à procura.

Na procura de seu equilíbrio, o grupo passa por estes quatro estágios: o biológico, que ocorre no início, com manifestações corporais mais claras como palpitação, sono, ansiedade; o ambiental, onde superadas as primeiras percepções ansiogênicas, o grupo passa a experienciar a realidade quotidiana, falando mais livremente de seu estilo de vida; pelo mental, onde o grupo entra na sua própria alma, falando de temas existencialmente profundos e, finalmente, o espiritual, onde o grupo transcende o aqui e agora, experienciando cada vez mais o lá e o invisível.

O terapeuta atento às múltiplas facetas que o fenômeno grupo apresenta deve instrumentar-se para observá-las, descrevê-las e interpretá-las sob os diversos ângulos que a realidade mostra ou pode mostrar. Através da sua fluidez, espontaneidade e criatividade, o terapeuta poderá avizinhar-se mais intensamente da realidade, que é simples e múltipla ao mesmo tempo, tal como os níveis de que falamos, podendo ocorrer sem nenhuma lógica ou temporalidade.

O grupo não é um teorema a ser decifrado, e sim uma alma a ser experienciada.

2. Enfoques de ação

Trabalhando com grupo, temos permanentemente dois sentimentos básicos: perplexidade e incerteza. O grupo nos surpreende a cada instante. Sua motilidade e energia ultrapassam nossa capacidade de controle. A posição básica do terapeuta é aquela da observação paciente, da intervenção cuidadosa, da leitura humilde e compartipada.

A dificuldade de se compreender o processo grupal cresce por causa dos diferentes modelos de cada escola, tentando explicar como o grupo acontece.

Citamos três escolas a título de exemplo:

1. Slavson, Wolf, Schwarts concentram a leitura do processo do grupo na relação que se estabelece entre cada membro do grupo e o terapeuta. A leitura enfoca, sobretudo, a dimensão transferencial da relação, a qual pode ocorrer em três níveis ou direções, ao passo que o relacionamento interpessoal e a dinâmica geral são deixados ou vistos como menos importantes.

2. O segundo enfoque (Bion, Foulkes, Whitekar, Pichon-Riviere) aborda o processo grupal vendo o grupo como um todo, como o cliente, embora divirjam em alguns pontos. O comportamento do indivíduo é visto como emergente da situação grupal, a partir de suposições básicas inconscientes (dependência, ataque-fuga, acasalamento), participada por cada um. São relacionadas às fantasias que brotam das atitudes e comportamentos do terapeuta e membros do grupo.

3. O terceiro modelo (Moreno, Berne, Rogers) acentua a relação entre os membros do grupo, sendo o terapeuta um deles. Procura-se descobrir a constelação dos laços ou vínculos, os papéis, normas, a pressão grupal, ao nível funcional e afetivo. Tudo é visto no aqui e agora, não se dando atenção a possíveis vínculos transferenciais.

3. A aprendizagem no processo grupal

O grupo é um microcosmo onde o quotidiano acontece, onde relações negadas ou percebidas se fazem presentes e reconhecidas, onde o amor a si próprio e ao outro se descobre, onde o passado se faz presente com emoção.

No grupo, nossas necessidades se tornam claras.

O grupo, como os indivíduos, é regido por leis da natureza, da sociedade, do pensamento e do espírito. Nós pertencemos a essas camadas. O equilíbrio dos indivíduos e do grupo está em íntima dependência de como essas camadas se equilibram. O biológico, o social, o psíquico e o espiritual não são construtos ou arquétipos, nas matrizes geradoras de vida, que, juntas, formam o que denominamos realidade. Esta é a função precípua do grupo: tornar o real realidade vivida, experienciada.

É função do grupo estudar, tornar-se consciente do desenvolvimento e transformação que ocorrem entre o mundo de fora e o de dentro, realidade e fantasia, de cada um dos seus membros, fundadas nas suas relações de necessidades.

O ser humano é um ser de necessidades, nunca completo.

O grupo tenta dar a cada um o que é seu, estar atento às necessidades de nutrição de seus membros, bem como evitar o que é prejudicial.

É sempre um processo de busca da realidade que vai do geral ao particular. O simbólico, a fantasia são decodificados para o aqui e agora em termos de suprir necessidades imediatas.

Num primeiro momento, existe uma fragmentação do objeto a ser apreendido e aprendido, provocada por diferentes modalidades de impacto e de aceitação do objeto em si mesmo. O óbvio não é tão óbvio, porque ele pode ser negado pela não percepção espontânea. A verdade imediata confunde, cega, provocando uma resposta dicotimizada, que pode levar à negação do objeto em si mesmo ou à distorção de uma resposta adequada.

Aprender é uma apropriação instrumental da realidade no sentido de modificá-la.

O grupo é uma unidade em permanente repensamento da realidade interna e externa de seus membros.

Fenomenologicamente, o conhecimento é função e decorrência da totalidade, a qual, por sua vez, leva naturalmente à consciência e esta a intencionalizar e posteriormente à mudança.

Quando algo é colocado no grupo, ocorre ou pode ocorrer uma fragmentação da percepção e dos sentimentos, onde cada um capta o objeto em questão em função de sua própria experiência. Em seguida, o objeto fragmentado, remetido para dentro de cada um, recebe aquela parte de realidade e luz que é própria de cada sujeito. Uma vez enriquecidas pelos componentes do grupo, as partes fragmentadas são devolvidas ao sujeito inicial e incorporadas em um único objeto, como partes que retornam, agora enriquecidas da contribuição de todos. O novo objeto está agora sob a contemplação do sujeito e do grupo. À fragmentação sucedeu a totalidade. O objeto é agora um objeto novo. O processo de aprendizagem pode seguir seu curso normal, até que o sujeito ou o grupo se encontre diante de uma nova opção de mudança em maior harmonia com o objeto experienciado. O grupo e o sujeito têm condições agora de se apropriar instrumentalmente do novo conhecimento e, assim, modificar a realidade perturbadora.

Aprender está ligado a uma adaptação ativa e criativa à realidade, aprender a partir do que é real numa relação rica e mútua entre o sujeito e seu ambiente. O grupo é uma estrutura de interação, o que o torna uma unidade básica de trabalho, de investigação e de mudanças.

Não existe aprendizagem sem mudança.

Nesse processo de mudança o grupo convive com dois medos básicos: medo de perdas e medo do novo. Medo de perder o equilíbrio, o já sofrido, e medo de atacar e enfrentar situações novas, onde os antigos parâmetros já não valem e os novos ainda não são suficientes.

A resistência do grupo ou em grupo surge, nesse contexto de aprendizagem e mudança, como processo de tentativa de manter o *status quo*, o equilíbrio frágil sustentado pelos mecanismos de autorregulação. Não obstante a dor da descoberta que conduz à mudança, o grupo tem uma extraordinária sabedoria e paciência, o que faz com que o objeto novo e aprendido se transforme em algo que pode esperar.

Na realidade, quando alguém opta por tomar uma decisão difícil, esta já havia sido tomada dentro do indivíduo e a força necessária à mudança já estava à disposição do sujeito. Acontece, porém, que a dimensão da força e do poder ocorre apenas após sua chegada à consciência do sujeito. Agora é o tempo para a execução, pois o que retarda a decisão é o medo de como fazer e não do que fazer.

Todo o processo caminha, portanto, na direção da resolução do nível da ambigüidade grupal. O grupo, por sua natureza, por uma representação interna, mútua e coletiva, procura sempre a verdade, onde quer que ela esteja. Sabemos que quanto mais carregada de emoção é a procura do grupo, maior é o nível de ambigüidade, e, como aprender é encontrar solução para as contradições internas, podemos entender que o processo grupal lida, às vezes, com dificuldade com a calma, com o devagar, podendo se expressar impacientemente e, como dizem alguns, até com violência. Na minha experiência, entretanto, entendi que tudo é uma coisa só e que mais do que o *quê* é o *como* que importa nas relações grupais. Devo acrescentar que o fenômeno se transfenomeniza, que a realidade tende a adquirir sentido e valores novos a cada momento, assim como também nós somos novos a cada momento que passa.

4. Algumas observações finais

— Estamos falando do pequeno grupo, cuja finalidade é um relacionamento face a face. Esse grupo tem um objetivo comum, um projeto existencial e é uma entidade terapêutica. Como uma família, também o grupo vive uma tríplice espécie de vínculo: afetivo, sexual, intencional ou motivacional.

— Cada pessoa no grupo tem um projeto específico: a dimensão, porém, de cada projeto passa pela intersubjetividade de cada processo e da do grupo como um todo. O grupo forma um projeto diferenciado que informa cada projeto individual.

— Tornar claro, em termos de processo, o que é "dentro" e o que é "fora" ajuda a identificação do grupo como um sistema. O *acting out* ocupa lugar importante dentro dessa delimitação de fronteira e contato, enquanto processo com uma dupla face: de um lado, pode revelar um aspecto destrutivo do processo grupal e, de outro, revelar que a comunicação está falha, que a segurança grupal não está funcionando, que a confiabilidade não está clara.

Podemos dizer o mesmo para outros fenômenos grupais, como o bode expiatório, o historiador, que devem ser examinados sempre nos seus dois aspectos intra e intergrupal. Eles acusam algo errado e lembram algo bom, assim como toda resistência que combina auto-regulação com possíveis forças negativas.

— É fundamental que o grupo desenvolva fortes laços afetivos para o surgir e crescer de uma cultura que o ajude na execução do seu projeto básico, embora, às vezes, tal cultura não consiga atingir seus objetivos.

— A matriz interna de cada um, também chamada grupo interno, afeta necessariamente o processo em curso no grupo.

Tudo o que ocorre no grupo ressoa em diferentes níveis de intensidade na estrutura grupal, na razão em que diz respeito a cada membro e ao nível de engajamento de seu processo.

— O processo grupal contém três diferentes sistemas: interpessoal, intrapessoal e transpessoal. Compreender adequadamente esses sistemas conduz à compreensão do processo grupal como um todo e forma elementos para um contato mais nutritivo e transformador.

Na linha do exposto, sobretudo de ver o grupo como um corpo inteligente, como uma unidade à procura de sua auto-regulação, reassumo, definindo processo grupal como:

— Processo grupal, como conceito, é um movimento energético através do qual os membros do grupo experienciam, consciente e inconscientemente, os diferentes estágios de sua mudança, à procura de novos e criativos caminhos para lidar com a vida.

— Processo grupal, como técnica, é o instrumento que o terapeuta usa para desenvolver um conceito compreensivo das variáveis que interferem na vida do grupo, no sentido de vê-lo como um todo, de ajudá-lo a apreender, a promover a espontaneidade, a criatividade, de modo a facilitar o contato com a realidade.

5. Conclusão

Algumas idéias centrais foram desenvolvidas neste capítulo. Elas formam o nosso corpo teórico básico no que se refere à compreensão do processo grupal. São um caminho, uma orientação, um ponto de vista.

A idéia do grupo como matriz, como *Holos*, como sistema, percorre todo o capítulo e todo o livro.

Nada é central sem que exista uma periferia. Assim é a idéia de matriz. Ela só é possível por causa dos infinitos meandros que a rodeiam e que nos permitem ver muitos processos saindo do nosso quadro de referência e procurando explicação alhures.

Tudo o que forma a matriz veio do grupo, mas nem tudo o que pertence aos indivíduos pertence à matriz, a não ser potencialmente, enquanto matriz é um conceito em permanente renovação e evolução. A matriz explica o comportamento do grupo como tal, embora possa não ter explicação para o comportamento de um de seus membros, em um dado momento.

O conceito de matriz, como um processo a partir do qual o grupo se faz inteligível, está intimamente ligado ao conceito de campo, ao conceito de espaço vital, onde tudo acontece e de onde tudo recebe significação.

As tramas do contato, seja ele saudável ou resistencial, a polaridade enquanto processo conectando opostos, figura e fundo enquanto emergências de uma necessidade maior, expressam um único movimento que é a tendência do organismo humano e do grupo de autoregular-se, de se comportar como um sistema integrado, que procede dessa fonte geradora de energia e criação que é a matriz, o campo onde tudo acontece.

CAPÍTULO III

FENOMENOLOGIA DO PROCESSO GRUPAL

1. Introdução

O grupo terapêutico é um campo onde a realidade acontece. Esta é contemplada pelo observador a partir de dois parâmetros: o da realidade em si e de como ele tende a percebê-la. Em certo sentido, o observador vê e descobre o que ele quer ver e descobrir. A realidade é sempre ela mesma, um fenômeno a ser descoberto, a ser lido. A minha realidade, entretanto, vai ao encontro de uma outra maior ainda, que me transcende no seu silêncio, na sua quietude. Esse encontro será transformador tanto para o observador quanto para a realidade em si. Existe uma contaminação inevitável sempre que dois entes se encontram.

O grupo é um fenômeno complexo, uma realidade maior que a totalidade dos elementos que o compõem. A leitura dessa realidade supõe cuidados especiais, sensibilidade aguçada, observação humilde e paciente.

A fenomenologia nos oferece os passos necessários.

Fenomenologia não é uma ciência do comportamento humano, muito menos uma forma de terapia, é um modo de observar e compreender a realidade. Vai além de um processo ou de uma aplicação de técnicas psicoterapêuticas.

Qualquer forma de terapia gestáltica passa necessariamente por três momentos: tem que ser *fenomenológica* e ter como concepção básica e visão de mundo a *Teoria do Campo e a Teoria Holística.*

O grupo, na nossa concepção, é visto como uma realidade única, feita de momentos e possibilidades infinitas, que se organiza como um campo, como um espaço vital unificado, onde a vida acontece, se revela e se faz compreensível.

A fenomenologia poderá ser usada ou como uma teoria de compreensão do fenômeno em si e, neste caso, será uma filosofia pura, ou poderá ser usada como um instrumento técnico que sugere um modelo de comportamento, uma atitude que leva o observador a perscrutar a realidade a partir dela, deixando de lado seus prejuízos e sem concluir nada *a priori*, respeitando o próprio evidenciar-se da realidade, enquanto escolhe o melhor caminho para auto-revelar-se.

O grupo, enquanto entidade-fenômeno-processo, é objeto da fenomenologia filosófica. O grupo, enquanto procedimento, é objeto da fenomenologia como postura que vai ao encontro da realidade última do grupo como-um-todo e de cada um dos seus membros.

Nossa reflexão vai na linha de entender o grupo a partir dos conceitos básicos da Teoria do Campo e da Teoria Holística à luz da fenomenologia filosófica e comportamental.

2. Natureza da fenomenologia e do processo grupal

Fenomenologia é, concisamente, uma filosofia, um processo, uma técnica, um modo de ver o mundo. Supõe uma leitura, uma descrição e uma explicação da realidade, enquanto fenômeno a ser desvendado.

Fenômeno é aquilo que aparece, é o aparente da coisa. É aquilo com que me encontro, aquilo que vem ao meu encontro, que se oferece ao desvendamento. Do ponto de vista do encontro da pessoa com a realidade em função do pensar e do fazer, o encontro pode ser simples enquanto esbarra na coisa em si, na aparência do aparente. Poderá ir além da aparência, tentando colher nela seu mistério, seu lado oculto, o em si da coisa, onde, de fato, a relação ocorre.

Essa relação entre fenomenismo e fenomenologia, que implica ver a coisa em si ou o em si da coisa, nos leva à análise intencional do dado, à relação perceptiva e até emocional entre a realidade em si, da qual pouco ou nada sabemos, e a realidade como chega à nossa mente, ou seja, como nós a constituímos.

Na análise intencional, temos que partir da coisa mesma: uma casa, por exemplo, enquanto percebida, e temos que chegar à coisa mesma, isto é, à relação entre a coisa e a consciência. É essa relação que cria a compreensibilidade do ser.

O grupo é um dado, uma realidade em si. Todo acontecimento pode ser visto como algo individual, pontual ou como um produto da realidade maior. As conexões entre o que é do indivíduo e o que é do grupo são simbólicas e complexas. A coisa, enquanto percebida por mim, será analisada a partir de uma dada experiência e a coisa em si, enquanto vista pelo grupo como unidade, terá mais chances de ter suas probabilidades compreendidas num desvendar-se da realidade mais próxima da sua essência, da sua verdade.

A consciência é sempre consciência de alguma coisa. Jamais é consciência pura, porque é sempre algo em relação. Estamos entre a coisa em si, o em si da coisa e sua representação. Assim, o estudo da fenomenologia passa a ser o estudo da constituição do mundo na consciência do observador.

De fato, uma coisa, uma mesma coisa nunca é vista como idêntica por pessoas diferentes, porque cada um trabalha a realidade a partir de seus próprios parâmetros. A realidade não é um espetáculo a ser visto, mas um texto a ser compreendido. A realidade não é jamais idêntica para duas pessoas. Os afetos, as emoções jogam um papel fundamental no modo como cada um a apreende. Na compreensão desse fenômeno, entretanto, devo renunciar ao que é meu, meus *a priori*, para me tornar livre na sua compreensão. Quando nos aproximamos da realidade, estamos inteiros, porém ocupados com o nosso mundo anterior ao percebido e isso pode enviesar nossa compreensão. O despojamento dos preconceitos nos purifica para lidar com a realidade como ela é em si mesma e não como nós a projetamos.

Dada a complexidade dos processos grupais e à nossa natural tendência ao controle para fugir da ansiedade, nossa percepção corre o risco de uma maior contaminação, se não nos abrirmos para uma ampliação do nosso horizonte a partir do qual vemos a realidade.

A paciência joga aqui um papel fundamental.

Consciência e fenômeno não podem ser concebidos separadamente. Existe uma relação consciência-mundo, mas, de certo modo, a consciência suspende sua crença na realidade do mundo exterior, para se tornar ela mesma consciência transcendental. É como se os olhos só ou a mera percepção da realidade não fossem suficientes para chegar à certeza e à verdade. A consciência precisa de um processo de desnudamento do ser para evitar o erro e a ambigüidade. A realidade tem que ser reduzida para que a consciência se engaje de vez na aceitação do objeto-em-si.

O grupo pode ser visto ora como fenômeno em si, ora como consciência transcendental, onde ele atinge ou supera as barreiras do fenômeno, a coisa em si, e se coloca como compreensão maior do processo, aqui e agora. Existe uma suspensão da consciência individual e surge uma consciência maior, a consciência grupal. Torna-se uma consciência engajada. É o momento do *insight*, onde a redução fenomenológica sintetiza o processo pela transfenomenalização do próprio fenômeno. É um momento criador.

A redução fenomenológica coloca em evidência a intencionalidade da consciência, enquanto todo objeto no mundo, real ou ideal, é remetido à primeira camada do ser. A chegada da essência à consciência faz com que ela passe do nível das idéias ao da experiência, onde o apelo ao agir surge naturalmente. A redução fenomenológica põe em evidência o ser no mundo, o ser em situação, em função da qual o sujeito não é jamais puro sujeito, mas um sujeito aqui e agora, temporal e espacial. A redução fenomenológica nos coloca diretamente em contato com a existência, a qual foge ao domínio da consciência, enquanto é algo que nos persegue e ao mesmo tempo nos escapa. É aí que está o lugar do acontecer, do devir. A redução fenomenológica é a busca do significado, que é a chegada da totalidade à consciência. É a totalidade que contém o significado, que, por sua vez, é feita de momentos fenomenológicos (sensação, percepção, *insight*).

Essa é a realidade grupal. Ali nem o sujeito é puro sujeito, nem o grupo é puro grupo, mas ambos são aqui e agora, tempo e espaço, essência e existência. A existência deixa de ser mero conceito para ser algo engajado, como o devir se fazendo, acontecendo sem pedir licença.

O grupo produz esta experiência: estar diante do mistério, algo sagrado que parece fugir ao domínio da consciência e algo extremamente simples que é o contato com o visível, experimental, com o concreto.

Desvendar o fenômeno é chegar à essência mesma das coisas, é ultrapassar a coisa em si. Essa transfenomenalidade do ser supõe a negação de uma visão simplista do ser, como se o que eu vejo ou descrevo fosse toda a realidade fenomenológica do presente. A realidade é muito maior que o conhecimento que eu possa ter dela. A nossa relação com o ser se defronta com uma dupla realidade, a coisa em si e o em si da coisa. A coisa em si é a coisa tal qual vemos e tocamos. O em si da coisa é o seu invisível, o seu mistério, a significação que damos a ela. De certo modo, as coisas existem na proporção em que lhe atribuímos significações, intenções, emoções.

O grupo se debate o tempo todo nessa busca do significado real, da totalidade que chega mansamente ou, às vezes, com a impetuosidade do espírito que sopra como um vento transformador. Essa luta constante entre a coisa em si e o em si da coisa persegue o espírito paciente e crítico de cada membro do grupo. A busca da verdade é um desafio silencioso e inconsciente de cada pessoa, na experienciação da própria ambigüidade à espera da luz que ilumina, distingue e transforma.

Dando um passo à frente, talvez possamos ainda dizer que a coisa em si está para a figura assim como o em si da coisa está para o fundo. Acrescentando ainda que o conceito de intencionalidade diante do objeto cria a dinamicidade própria da relação figura-fundo. A intencionalidade é um movimento transcendente na direção ser-aí da coisa. As coisas têm um significado em si que independe da minha intencionalidade. Aqui reside toda uma gama de possibilidades da relação de ambigüidade com o ser-aí, porque as coisas simplesmente são. Uma casa é uma casa e nada mais que uma casa, uma rosa é uma rosa e nada mais que uma rosa, mas uma rosa olhada por mim não é mais uma rosa, mas uma rosa que eu olhei. O meu olhar muda a natureza da rosa na sua relação comigo e com o mundo, embora para os outros aquela rosa continue simplesmente uma rosa. O mundo é, portanto, um conjunto de significações e nós o vemos a partir de nosso próprio horizonte, daí que o significado que eu empresto às coisas não é necessariamente o desvendamento da sua essência, mas uma projeção de minhas necessidades no mundo. Conceitos e coisas passam a existir mais ou menos fortemente na pessoa, na medida em que sua intenção os afeta.

A consciência, no entanto, é livre e cabe a ela dar sentido e intenção às coisas. Estar consciente de algo é ter refeito, é ter descoberto toda a linha da intencionalidade da relação sujeito-mundo. A consciência pura é um contato direto com a essência do objeto, isento agora da projeção do sujeito. Temos, no entanto, que retornar ao dado, temos que sair de uma mera visão de essência, temos que chegar à facticidade, à intenção, a partir da qual o em si da coisa se apresenta à mente sem adjetivos ou restrições. A consciência é uma totalidade indivisível. Esse movimento é também a essência do processo terapêutico.

A neurose é muito o escutar-se a si próprio, o acreditar na própria certeza, fazendo-a lentamente uma verdade. É perda do dom de poder mudar, de poder distinguir, de poder correr riscos, de poder criar. É a perda da liberdade, pelo fato de que alguém se transforme no próprio parâmetro entre objeto e sujeito, de uma maneira duvidosa e sem um questionamento transformador.

O grupo ensina as pessoas a usar sua própria dúvida para se chegar à verdade, a usar seus sentimentos mais profundos para fugir da própria ambigüidade, a abrir os olhos para não enxergarem a si próprias como modelos acabados dos outros. O grupo ensina às pessoas a serem humildes diante da própria grandeza e da dos outros, pois o dado inclui e revela o próprio mistério, revela a facticidade e nos permite usar adequadamente os próprios adjetivos.

O fenômeno é, portanto, a totalidade a ser descoberta pela consciência. Esta, mesmo provisória, chega como uma totalidade indivisível. A consciência é o lugar onde as coisas se processam, onde relações criam compreensão. Ela não produz conhecimento, mas é o lugar onde as coisas, os eventos se fazem inteligíveis. A consciência chega como um todo e essa totalidade significante e livre está diretamente ligada à intencionalidade.

Sartre afirma que o homem é um ser sem desculpas, pois a ação é sempre precedida por um ato consciente, ainda que tal fato possa ser, às vezes, não percebido pelo sujeito, o qual não conhece as coisas, mas se encontra com elas. Estas se oferecem à sua compreensão e contemplação, pois o ser tem um apelo interno de auto-revelação e quando isso é captado, a consciência provoca uma energia própria de ação, de atualização de ida ao encontro desse ser.

Se nós não impedirmos que esse encontro ocorra e se aprofunde, ele ocorrerá e se aprofundará infalivelmente. Não o meu encontrar ou o encontrar dele, mas o nosso encontro. Não predispomos, não determinamos o fenômeno. Ele, simplesmente, é e tomamos consciência dele e com ele estamos e acontecemos. Nós somos o fenômeno, porque somos sempre em relação.

O grupo é o lugar marcado do encontro, pois nada mais diferente que as pessoas de um grupo, quando ele começa. Pode-se sentir a provisoriedade da consciência nessa fase inicial. É como se a consciência quisesse saber, predispor e recuasse à espera de que as coisas se façam inteligíveis, encontrem nexos, formem totalidade. O grupo é reverente diante da grandeza do mistério que a realidade encerra, a qual o convida a postar-se diante do ser na compreensão e contemplação de uma busca que nem sempre tem resposta, porque a chegada da totalidade é meramente fortuita.

O ser humano anseia pela totalidade. O inacabado, o incompleto é sua angústia fundamental. Existe em nós uma tendência ao completo, ao perfeito, à unidade total e absoluta. Por mais precário que alguém se sinta, dentro dele não se extingue a chama pela totalidade, pela perfeição. Isso significa olhar a realidade como um todo. Nada que é real está isento de nossa atração e percepção fenomenológicas. Somos atraídos pelo belo, pelo perfeito assim como a mosca é atraída pelo mel. Essa atração, no entanto, está sujeita ou é proporcional ao nível de emoções com que as coisas nos chamam. Nesse movimento, podemos, como a mosca, morrer, porque, levada pelo instinto, não se apercebeu do perigo que é voar na direção da realidade que nos nutre e nos liberta.

O grupo nos dá a sensação clara de limites, a sensação de diferença, de contato, sem o que o encontro não ocorre. Viver e experienciar um grupo terapêutico é a arte de construir o igual, o semelhante, a partir das diferenças. No grupo, as pessoas terminam por se mostrar intensamente, sem necessidade de máscaras. O cara a cara facilita o encontro com a verdade.

A fenomenologia é ainda a recuperação do afetivo-emocional, é a recuperação do corpo como totalidade significativa e intencional. É a ciência do chegar cada vez mais perto do ser como totalidade. Ela não divide para ver. O chegar à coisa mesma é um processo de permanente inclusão da realidade.

Fenomenologia é uma ciência do homem para o homem e, como tal, é objeto e sujeito de uma análise esgotante do ser. Tudo é incluído, nada fica fora. É ainda uma ciência encarnada no tempo. Nós só temos acesso às coisas, agora. Esse tempo não é uma idéia, é um fato, uma coisa. O tempo é agora, é aqui. Tudo existe agora e agora podemos ter acesso às coisas. Os fatos não existem amanhã, existem agora e é agora que seu sentido tem que ser encontrado.

Indo mais longe, diremos que o tempo, assim como o concebemos, é uma mera ilusão, assim como a realidade enquanto resposta às nossas exigências interiores. Sucessão de muitos dias e de memórias formam o nosso tempo, o qual, por sua natureza, simplesmente é e nós o preenchemos com nossos adjetivos. Aqui e agora, espaço e tempo nada mais são que dimensões do nosso interior na procura desesperada de nos sentirmos assentados, fixados, pois a possibilidade da fluidez total nos apavora.

O fenômeno, portanto, dentro desse aspecto de temporalidade, é também atemporal quanto à sua dinamicidade histórica. O que é agora é e continua sendo diferenciando-se eternamente. É como se o fenômeno, na sua transfenomenalidade, contivesse em si um código genético que lhe permitisse modificar-se permanentemente, sem deixar de ser ele próprio. A realidade, portanto, é sempre nova a cada momento que passa. Eu sou sempre novo a cada momento que passa, o fenômeno é sempre novo a cada momento que passa.

Essa sensação de descontinuidade é comum no grupo. Mudança é lei fundamental do grupo. Ausência de repetição, poder ser diferente e aceitar a própria diferença são um constante aprendizado em grupo.

Esta consciência é uma consciência submetida à temporalidade, na qual o objeto presente se modifica incessantemente, confirmando ou desconfirmando a evidência através da qual ela se dá a nós. As coisas têm um princípio interno que as mantém idênticas a si mesmas nos momentos sucessivos e através dos quais podemos reconhecê-las. Descobrir esse princípio é descobrir a gênese essencial da realidade. Isso supõe uma busca constante do ser. O óbvio nem sempre é evidente, pois ele tem que entrar no campo da consciência para ser percebido, pois, do contrário, é como se não existisse.

A evidência não nasce de uma única experiência, mas da síntese de uma infinidade de experiências concordantes. Esse dado é fundamental, pois a evidência é apenas presumida, já que pode sempre, em princípio, ser desmentida por uma experiência ulterior. É preciso, portanto, lembrar o sentido da contingência e facticidade de todo ser, pois, por natureza, somos ligados à sua temporalidade e espacialidade. A realidade jamais tem uma única interpretação, pois, sendo o homem um ser de relação, o confronto se torna inevitável entre sujeito e objeto, entre a busca da certeza e da verdade.

O grupo convive o tempo todo com temas figurais. De qualquer lado que se observe a realidade, descobrimos que, na sua leitura, nos deparamos com uma dupla face, figura e fundo. No jogo da dinamicidade do ir e vir, na procura do instalar-se da necessidade maior, figura e fundo nos remetem à dupla camada da realidade, do ser em si e do em si do ser. Experienciar a realidade nos remete ao grupo e à necessidade de conferir constantemente o movimento interno através do qual a facticidade se objetiva e se torna transformadora.

Uma consideração final sobre a ordem moral. Esta consideração passa necessariamente pelo pensar essencial do ser bom e do ser mau, e, dentro dessa polaridade essencial, podemos encontrar um certo equilíbrio próprio e comum à maioria dos seres humanos. Se o bem e a virtude não podem reduzir-se à observância de leis universais, dado que a pessoa é singular, cumpre, em cada caso, examinar a vocação experiencial de cada pessoa no contexto de sua realidade total.

O fenômeno é tudo e tem sempre que ser superado. O pensar e o fazer, na busca de complementação, formam um único fenômeno, uma relação figura-fundo, onde a dinamicidade da troca do ato de perceber termina por criar a relação perfeita entre as partes.

Aquilo que é bom para alguém faz parte de um cosmos moral ao qual toda e qualquer atitude deve referir-se sob pena de não ser boa. O bem pessoal, enquanto singular, tem um alcance universal, mas essa universalidade é a universalidade concreta das pessoas e não das idéias.

Estamos, em última palavra, falando de AMOR.

Amor é real, é aqui e agora. Amor depois, se não for preguiça é mentira. Amor não é uma idéia, é um ato e este fato começa e termina no corpo. É muito fácil amar a idéia de amar o outro, mas o amor é concreto, direto, sem desculpas. O outro é o infinito, o corpo é o aqui e agora. Qualquer corpo, em qualquer lugar, é agora.

Levinas expressa bem essa idéia quando afirma: a manifestação do semblante é o primeiro discurso. "Falar é, antes de qualquer coisa, essa maneira de vir de trás de sua aparência, de trás dessa forma, uma abertura na abertura".[1] "Absolutamente presente em seu semblante, outrem — sem nenhuma metáfora — me faz face".[2]

O grande aprendizado do grupo terapêutico é a sua capacidade imensa de estar junto, de dar suporte, de compreender e amar profundamente. No grupo, as máscaras caem, o coração recupera sua capacidade de bater em sintonia, os canais lacrimais se desobstruem, os olhos podem banhar-se em lágrimas de purificação e as pessoas aprendem a amar os outros, porque aprenderam a se olhar primeiro. Aprenderam que apaixonar-se é, antes de tudo, apaixonar-se por si mesmas.

3. Conclusão

Minha tendência é trabalhar o grupo como um todo e entender qualquer coisa que ocorra no grupo como algo que pertence à matriz grupal. O grupo passa a ser a unidade de referência. As coisas encontram sentido na relação existencial dos seus participantes, como sendo provocadas por uma entidade anterior à soma dos problemas de seus indivíduos.

Essa postura encontra sua maior sustentação na Teoria do Campo e na Holística. A fenomenologia vem ao encontro dessa visão, ensinando como observar, como ler cuidadosamente o que está ocorrendo.

Nada melhor que o grupo para perseguir a verdade, para ir às coisas mesmas, para chegar à essência do oculto, do negado. Conceitos como intencionalidade, totalidade, consciência, facticidade, ambigüidade, redução fenomenológica, temporalidade revelam verdadeiros processos por que passa o grupo.

O grupo, como os indivíduos, tem um princípio auto-regulador e é a partir dessa idéia que tudo o que acontece no grupo deve ser interpretado. Uma palavra dura, "uma violência", têm que ser vistas como um momento fenomenológico que vai distribuindo o seu sentido e mensagem na razão em que esse dado vai sendo processado pela matriz. A realidade se revela e se esconde ao mesmo tempo. Fazer fenomenologia é captá-la no seu processo de eterna mutação para a totalidade.

A relação figura-fundo nos ajuda a compreender essa permanente mutabilidade do fenômeno e nos fornece um modelo compreensível de como entender que, não obstante suas partes em permanente mudança, o grupo como-um-todo é uma forma completa e permanente.

Trabalhar fenomenologicamente o grupo tem sido um desafio para muitos terapeutas, por afirmarem que a espontaneidade, a impetuosidade das pessoas impedem que ocorra o amadurecer da consciência transformadora.

O fenômeno não é algo que se predetermine. O terapeuta lida com o que ocorre. Os clientes são clientes e eles se comportam como querem se comportar. Eles não têm que se comportar fenomenologicamente, mas simplesmente se deixarem acontecer.

O terapeuta tem de agir fenomenologicamente e não os clientes.

Gostaria ainda de introduzir uma questão vital para a vida dos grupos no que se refere ao comportamento do terapeuta orientado fenomenologicamente.

Pode o gestaltista fazer hipóteses?

Do ponto de vista da fenomenologia, a resposta é negativa.

O que é uma hipótese proibida à luz da fenomenologia?

Hipótese, no contexto terapêutico, é um momento intelectual em que, apenas terminado o relato de um paciente ou do grupo, o terapeuta induz tornando uma unidade universal algo que se manifesta fragmentado.

Neste caso, ele lidou com a aparência primeira, com o imediato a partir de seus conhecimentos anteriores, ou de seus *a priori*: ele observou a realidade e a classificou a partir de conhecimentos anteriores, sem esperar que a realidade se desdobrasse mais amplamente diante dele.

Seria extremamente danoso que a partir deste momento ele passasse a perseguir sua hipótese, sua certeza.

Estamos, portanto, falando de hipótese *a priori*.

Existem hipóteses *a posteriori?* Existem e podem ser formuladas.

Hipótese *a posteriori* é um estado de espírito, em que o terapeuta, após ver e descrever a realidade, começa a ter diante de seus olhos uma descoberta irrevogável. Ela não é formulada por antecedência, ela acontece, ela nasce, ela surge da e na relação terapêutica. Ela não é criada, é algo que vem ao encontro da mente do observador.

Trata-se de um processo maiêutico, como uma gestação, em que o terapeuta vai colhendo, aqui e ali, elementos isolados que vão fazendo pontes entre si, até que, em algum momento, a criança está pronta e nasce na mente do terapeuta como uma unidade viva e dinâmica. Após a fragmentação, surge a totalidade significativa, ocorre uma redução fenomenológica, onde a certeza fica à espera de que a realidade indagada lhe revele a verdade. E só aí o processo terapêutico encontra sua garantia, como algo que vem da relação e não da mente linear do terapeuta.

Em termos de campo, diria que a hipótese *a priori* é algo que ocorre no campo geográfico, onde a realidade se apresenta nua, à espera de ser significada, ao passo que a hipótese *a posteriori* surge já de uma relação dinâmica entre o campo psicológico e o comportamental, onde a relação está presente como elemento transfenomenalizador.

A partir desse momento, não há como não *ter* hipótese, que é diferente de *fazer* hipótese, porque a mente não é livre diante da sua própria certeza. Ela poderá fazer opções de como lidar com a certeza, mas não é livre de livrar-se dela.

Fenomenologicamente, ocorreu o *insight*, o caos se transformou em figura. Didaticamente o que pode o terapeuta fazer com sua certeza? Nada. Ele tem que esperar a confirmação por parte do cliente, pessoa ou grupo. Somente eles poderão dizer se a certeza do terapeuta corresponde à verdade da sua realidade objetiva.

A arte, o poder criador, o contato, o encontro entre cliente e terapeuta indicarão o caminho a seguir.

Referências Bibliográficas

1. Levinas, G., 1964, p. 143.
2. Levinas, G., 1967, p. 186.

CAPÍTULO IV

TEORIAS DO PROCESSO GRUPAL

Quando se fala que ser gestaltista é um estado de espírito, tal postura é apenas um modo de agir, de estar nas coisas, de olhar o mundo e de confiar na sabedoria do organismo. O terapeuta que não está imbuído desse espírito tenderá a olhar seu próprio ato terapêutico com insegurança, porque, no fundo, sua crença rígida na ciência impede um olhar mais solto na direção da sabedoria com que o organismo funciona a cada instante.

Os fundadores da Gestalt-terapia são unânimes em reconhecer a psicologia da Gestalt, a Teoria do Campo e a Teoria Holística como precursoras de uma nova ideologia em psicoterapia. Eles variam na afirmação de até quanto essas teorias estão presentes na prática clínica e gestáltica em geral.

De outro lado, a literatura atual é pobre em influências dessas teorias sobre a Gestalt-terapia. Falta um aprofundamento consistente. Citações existem, mas poucas e sem tirar as conseqüências para o processo terapêutico. Talvez o fato de a Gestalt-terapia se ter desenvolvido mais como uma prática individual possa explicar o aparente desinteresse dos autores sobre as possibilidades que essas teorias abrem à abordagem gestáltica como um todo, clínica, educacional e organizacional.

Falando de grupo, é impossível não retornar a essas teorias de uma maneira adequada e consistente.

Nossa intenção é aprofundar um pouco mais os laços destas teorias com o processo grupal. Elas explicam a maioria de alguns processos como transferência e resistência de uma maneira adequada e metodológica. Mostram, de uma maneira coerente, a fenomenologia do processo grupal, dado que entre elas existem muitos pontos em comum. Elas nos permitem um mapeamento crítico da realidade grupal, apontando para direções ainda não suficientemente exploradas, como o grupo nas organizações complexas e para o próprio processo grupal na situação clínica.

1. Psicologia da Gestalt

Gestalt significa configuração, relação dinâmica de figura e fundo. Seu sentido de totalidade envolve, necessariamente, um apelo de organização do sujeito num dado campo. Essa totalidade do ser envolve também a idéia de relação. De fato, estamos sempre em relação, independentemente de nossa vontade. O modo como entramos em relação com o mundo fora de nós é altamente significativo. A realidade é sempre dinâmica, envolvendo a mim e o ambiente.

O grupo funciona como um campo, um campo de forças, onde existe uma energia positiva e negativa, atraindo-se e repelindo-se, a partir de processos peculiares como uma unidade que se abre e se fecha para os estímulos de fora e na qual os estímulos de dentro funcionam no contexto de uma trama nem sempre facilmente detectável e explicável.

Do ponto de vista da Teoria da Gestalt, podemos ver essa realidade como emitindo estímulos elementares e estímulos configuracionais, ou seja, a realidade vista através das partes que a compõem e vista como uma totalidade significativa.

Assim, podemos ver, por exemplo, as resistências individuais em um grupo como estímulos elementares e a resistência grupal como um estímulo configuracional. Embora o terapeuta não possa não ver as partes desse todo, na realidade, quando em grupo, ele se encontra diante de uma configuração total, diante de uma configuração como um todo, e esta constitui o estímulo significante que arrasta a sua intenção, pois o todo precede as suas partes e o influencia continuamente.

De outro lado, dado que esses estímulos elementares, as resistências individuais, estão também ali presentes, como constituintes ontológicos daquela realidade significante, também eles podem ser vistos e analisados como partes subsidiárias, pois cada uma dessas partes terá características semelhantes à dessa totalidade significada.

Digamos que o grupo, como configuração total, é a figura, aquilo que se percebe imediatamente, enquanto os elementos que o compõem são o fundo.

Dentro desse conceito, a resistência grupal será figura, enquanto as resistências individuais serão fundo.

Cada uma dessas partes, desses pequenos fundos, entretanto, terão características semelhantes às da figura como resistência total,

Figura 1: Figura e fundo

Figura 2: A moça e a velha.

pois, se assim não fosse, não poderiam formar um todo unificado e compreensível. Perceber a organização total como processo enquanto figura organizada ou resistência como tal é o elemento-chave para se perceber e compreender o processo do sujeito e o tipo de resposta que dará a esse estímulo perceptual total.

É a resistência grupal que explica a resistência do indivíduo e não vice-versa. No grupo terapêutico, o caminho mais curto, embora complexo, para se chegar ao processo individual é penetrar no mistério da resistência grupal.

Embora o terapeuta possa trabalhar a resistência do indivíduo, será a configuração total o objeto primeiro de sua atenção, pois, embora a resistência individual concorra para a formação da resistência grupal, o cliente tende, no grupo, a reagir primeiro à resistência grupal, antes que à sua própria.

Estamos falando de dois conceitos, o primeiro é que, embora a resistência grupal seja qualitativamente diferente das resistências individuais, ela as contém, transformando-as, e o segundo é que, trabalhar uma parte é trabalhar o todo, pois, embora a resistência individual seja qualitativamente diferente da resistência grupal, ela a contém e a transforma a todo instante. Estamos, portanto, lidando com a resistência numa dupla dimensão, a cronológica e a ontológica, de cuja inter-relação o ser adquire a plenitude no aqui e agora.

Estou contrapondo resistência cronológica à ontológica. Resistência ontológica é a resistência do grupo, enquanto entidade primeira e antecedente ao indivíduo. O grupo forma seus próprios processos. É a resistência do grupo. Uma espécie de estado que envolve cognição e comportamento e que funciona à distância, como uma causa primeira do que quer que possa acontecer no grupo. É ontológica ainda, porque antecede a dos indivíduos enquanto categoria, embora necessite da resistência cronológica, que pode ser detectada aqui e agora, no calor da fala, do gesto, para que se constitua.

O grupo convive, pois, o tempo todo, com um duplo processo, um visível e um aparentemente visível, um afetando o outro e permitindo que a realidade se visualize, se modifique e se transforme.

Como veremos no próximo tópico, tudo o que ocorre no grupo acontece em um dado campo. Este campo é um campo energético controlado por forças internas e externas, cuja expressão maior são as tensões, que, por sua vez, ocultam as verdadeiras necessidades dos indivíduos e do grupo.

O grupo é um campo psicofísico dominado tanto pelas leis da geografia humana quanto da psiquê e esse campo tem leis específicas, cujo conhecimento nos orienta metodologicamente para lidar com fenômenos mais complexos como o da resistência.

Koffka nos dá alguns princípios de como o campo funciona: "Portanto se quisermos estudar o comportamento humano como um evento no campo psicofísico devemos adotar as seguintes medidas:

1. Devemos estudar a organização do campo ambiental, o que significa que devemos descobrir:

a. As forças que o organizam, em seus objetivos e eventos separados;

b. As forças que existem entre esses diferentes objetivos e eventos; e

c. Como essas forças produzem o campo ambiental, como o reconhecemos em nosso meio comportamental.

2. Devemos investigar como essas forças podem influenciar os movimentos do corpo.

3. Devemos estudar o ego como uma das principais partes desse campo.

4. Devemos mostrar que as forças que ligam o ego às demais partes do campo são da mesma natureza que as que existem entre diferentes partes do campo ambiental e como produzem comportamento, em todas as suas formas.

5. Não devemos esquecer que nosso campo psicofísico existe dentro de um organismo real o qual, por sua vez, existe num meio geográfico. Dessa maneira, as questões da verdadeira cognição e do comportamento adequado ou adaptado também entram em nossos programas."[1]

Estes princípios querem dizer que o campo é sempre uma totalidade e que agir sintomaticamente não é agir fenomenologicamente. É o campo que está sob observação e não as partes que o compõem. Qualquer fenômeno a ser estudado tem que ser estudado sob essa óptica, sob pena de passarmos da fenomenologia para o fenomenismo, que, no fundo, é uma forma de atomização da realidade.

As forças que interligam os membros do grupo entre si são da mesma natureza que aquelas que ligam o grupo como tal a cada um de seus membros.

O grupo é um poderoso campo de força. Esta força emana do corpo e da mente de cada pessoa. São físicas e mentais, incluída aqui a dimensão espiritual.

São forças caóticas, no início. Após algumas horas, sobretudo através dos mecanismos de identificação projetiva e introjetiva, elas começam a se organizar, a formar um campo de força unificado, um espaço vital, um campo comportamental.

A habilidade do terapeuta é fundamental para diagnosticar o tipo de força, sua natureza, sua direção e seu ponto de aplicação. É nesse momento que grupo e terapeuta se fazem significativos um para o outro ou não se fazem. Se o encontro não ocorrer nesses primeiros momentos ou no espaço de algumas horas, dificilmente ocorrerá de uma maneira natural e nutritiva. O terapeuta deve estar atento à sua própria energia. Não basta fazer a leitura da energia do grupo, pois ambos, desde os primeiros instantes, estão construindo esse campo de forças, cuja dinâmica fará com que o grupo nasça, cresça e se mantenha com um alto nível de segurança e coesão grupal.

O grupo é uma Gestalt que se organiza como tal. Os elementos do grupo funcionam e interagem como partes desse todo, dinamizados pela energia que os faz convergir num processo de complementação permanente criando a realidade do grupo, sem que eles percam sua identidade. É assim também que figura e fundo se recriam dinamicamente a partir do olhar inquisidor da pessoa que procura perceber sua dinamicidade e como este suceder-se se torna significativo.

Nesse processo de troca de percepção, alguns vêem a figura, outros, o fundo, mas jamais figura e fundo sob o mesmo aspecto. O suceder-se ou a troca de um para outro obedece à necessidade interna de cada um ou do grupo.

Perceber significa dar significado. É a possibilidade de ver diferentemente o mesmo objeto, ao mesmo tempo, que cria a Gestalt como totalidade comportamental.

As partes criam um comportamento e juntas geram a significação que transforma, enquanto mostram fisicamente a impossibilidade de se ver figura e fundo, ao mesmo tempo, sob o mesmo movimento.

O grupo vive o tempo todo um processo semelhante ao que ocorre com as figuras 1 e 2, cuja percepção e identificação de partes vão depender do processo individual de cada um. Existe dentro de cada um de nós uma necessidade material de sair da ambigüidade para a clareza, como um impulso para a unificação da realidade percebida. Nessas figuras, as partes, após identificadas, podem continuar, num primeiro momento, sujeitas à ambigüidade perceptiva tanto para o observador quanto para as demais pessoas. Tendo sido percebida muitas vezes, esse movimento se organiza internamente, de modo que o observador tenderá a ver com mais freqüência aquela parte que lhe é mais significativa. Assim ocorre no grupo. No começo cada pessoa vê os outros e o grupo de maneira muito indistinta, porque as partes internas do todo de cada um se misturam ou não se identificam. Num segundo momento, percebe-se a figura grupal como um todo, bem como cada elemento na forma de identidade que lhe é mais característica. Cada um continua a ver as demais partes um tanto desfocadas, até que, por alguma necessidade emergente, essa parte se clareia, permitindo que a figura anterior retorne ao fundo. E assim o processo continua indefinidamente.

2. Teoria do campo

A Teoria do Campo vê a realidade como campos ou como um grande campo unificado, onde a realidade maior acontece. Esse grande campo é subdividido em outros tantos campos, de acordo com os diversos processos que a realidade vai assumindo nele.

Esse grande campo está em constante mudança, pois qualquer coisa que ocorre em um subcampo afeta sua natureza. São as relações intercampos que especificam a mudança.

Embora a realidade ou o campo total estejam em permanente mudança, ela tem algo em si que a mantém identificável, ao longo do tempo, como sendo ela mesma. É como se ela possuísse um código genético que biologicamente lhe permitisse mudar a todo instante sem nunca deixar de ser essencialmente ela. Dizemos isso freqüentemente: "Você mudou muito, mas eu sei que é você", ou: "Como esta cidade mudou, mas posso ainda senti-la", ou: "Este grupo está totalmente diferente, e nós somos os mesmos".

Isso significa que a realidade se manifesta a nós de vários modos ou que nós a descobrimos de vários modos. Didaticamente, esses modos se sucedem um ao outro, embora, muitas vezes, pareçam se sobrepor um ao outro e até um incluir o outro. Eles têm certamente uma zona de contaminação.

Estamos convivendo, ao mesmo tempo, com a realidade vista sob um tríplice aspecto: geográfico, psicológico e comportamental.

Campo geográfico é aquele ainda não significado, é a realidade em si: uma praia, uma rosa, são uma praia e uma rosa e nada mais que isso, uma pessoa é uma pessoa e nada mais que isso. É como se o campo geográfico fosse uma realidade ainda não relacional. Digo "se", porque uma praia, ao seu modo, está em permanente relação com o mar, com a montanha que a contemplam e a tornam mais desejável, escolhida, etc.

Campo psicológico é aquele que recebe uma significação a partir das emoções que o afetam. Assim uma praia, uma rosa, uma pessoa que produzem ou experienciam afetos, sejam quais forem, passam a ser também um campo psicológico.

Campo comportamental é aquele que decorre dos dois primeiros. Em função dos afetos, emoções (campo psicológico), que sinto em uma praia (campo geográfico), passo a me comportar deste ou daquele modo (campo comportamental) e o comportamento pode, inclusive, tornar-se previsível.

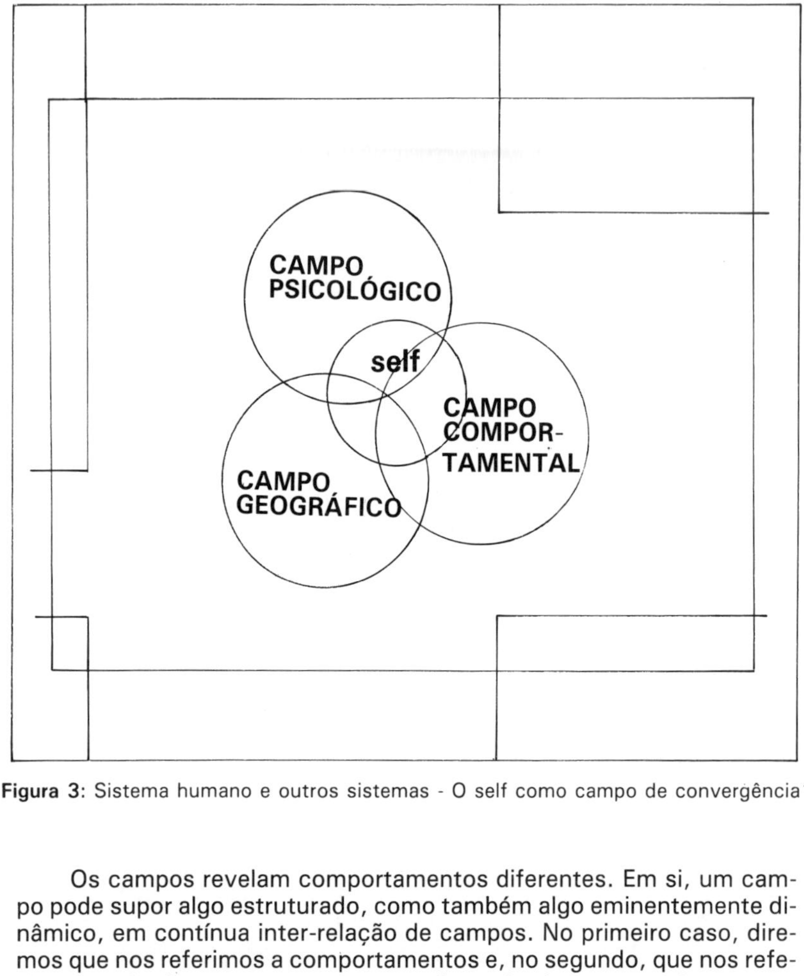

Figura 3: Sistema humano e outros sistemas - O self como campo de convergência*.

Os campos revelam comportamentos diferentes. Em si, um campo pode supor algo estruturado, como também algo eminentemente dinâmico, em contínua inter-relação de campos. No primeiro caso, diremos que nos referimos a comportamentos e, no segundo, que nos referimos a atitudes que, por natureza, são mais circunstanciais.

Um grupo, nos seus primeiros momentos, é apenas um campo geográfico sem significação, como um conjunto de pessoas numa sala. Após algumas horas ou dias, as pessoas começam a se conhecer, a se sentir, a ter afetos, e ele passa a ser um campo psicológico. Mais um pouco, surge a matriz grupal. As palavras e os gestos passam, então, a ter sentido e a gerar comportamentos e atitudes específicas. Esse campo é agora um todo significativo, uma configuração total por si, onde o comportamento se torna previsível.

---

* Agradecimentos a Maria Isabel da Silva dos Santos pela concretização do desenho da idéia dos dois modelos nas figuras 3 e 4.

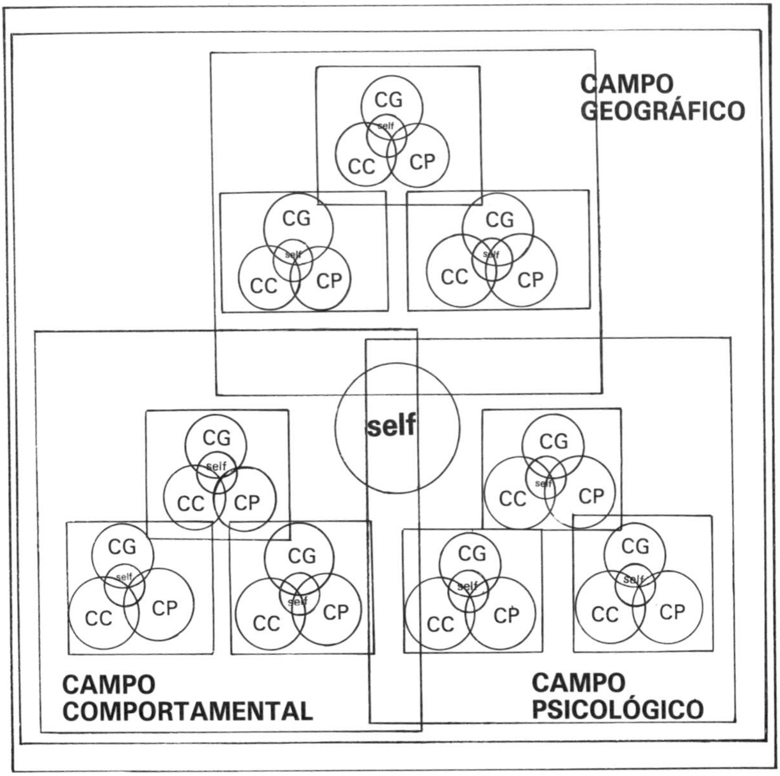

Figura 4: O campo como um todo - self e integração sistêmica.

A realidade é um todo. Cada parte contém o todo, e vice-versa. O comportamento ocorre no macro e no microssistema, por isso comportamentos diversos podem ocorrer, ao mesmo tempo, em um único campo, embora sob aspectos diferentes. Tal fato explica percepções e até julgamentos de um único fato completamente diferentes feitos por pessoas que presenciam o mesmo fato ou acontecimento.

Somente a totalidade contém o significado que gera intencionalidade e ações específicas. Um grupo, no seu início, é apenas uma totalidade geográfica, carente de sentido especificamente terapêutico. Qualquer intervenção mais séria, profunda, nessa fase, carecerá de eficácia terapêutica. Será um gesto, uma técnica, mas, provavelmente, não será um gesto transformador. Essa é eminentemente uma fase de escuta, de observação, de mapeamento por parte do terapeuta.

As necessidades dessa fase são mais operativas, práticas, cuja finalidade principal é criar motivação, gerar a permissão para falar e produzir segurança. Nessa fase, o grupo convive com a dúvida, com fantasias, com medo tanto dos outros participantes quanto do terapeuta.

Essa atitude geográfica, nessa fase inicial, é a equivalente da mesma atitude de alguém que tem que percorrer, atravessar um campo geográfico, uma floresta, por exemplo, sem conhecer o terreno, tipos de animais e o caminho. Nessa situação, o explorador será tomado de dúvidas, insegurança e medo generalizados. Nessa fase, cada um cuida de si, porque as fronteiras estão definidas e protegidas, rigidamente.

Num segundo momento, o grupo entra numa fase ou campo psicológico, onde, após os primeiros reconhecimentos do terreno, surgem as primeiras emoções e afetos, acompanhados de interesse por outras pessoas, coisas ou situações.

As emoções são reconhecidas e adquirem um significado específico. Deixam de ser emoções vindas de um fundo, para serem mais figurais, podendo sofrer um determinado controle por parte do sujeito.

Essa é a diferença das emoções nos dois campos. No geográfico, as emoções são experienciadas por antecipação, por medo, mas não são relacionais. Surgem de um alhures, de uma antecipação, fruto mais da fantasia que da realidade. No campo psicológico, elas surgem do aqui e agora, de um relacionamento já presente, surgem de uma figura visível ao grupo, de algo que está ali.

O terapeuta deixa de ser um "fora" do grupo e é introduzido no grupo, começa a fazer parte do interior desse campo psicológico, de uma maneira mais consciente por parte de seus membros.

O grupo começa a ter uma identidade, uma configuração de totalidade significativa.

O terapeuta, que teve de ser mais ativo na fase geográfica, cujo comportamento visava, sobretudo, evitar o caos e gerar segurança, pode agora ser menos diretivo, para que o grupo possa assumir sua própria feição, seu próprio estilo e possa caminhar para uma maior maturidade como unidade configural.

Nessa fase, o grupo adquire uma maior *awareness* dos processos individuais e começa a se perceber como um todo. As fronteiras ficam mais flexíveis. O grupo começa a se tornar o seu próprio terapeuta. O contato que existiu, na fase geográfica, de maneira tímida e fantasiosa passa, nessa fase, a ser mais direto e direcionado aos membros do grupo, dando início à fase comportamental. A resistência grupal começa a deixar de ser um problema de contato na fronteira para ser um problema de *awareness*.

Na fase comportamental, o campo se apresenta com características mais claras e definidas. As pessoas se conhecem, se relacionam diretamente e, de certo modo, os papéis se encontram definidos. Já se sabe quem é quem, por que e para quê. Nessas circunstâncias, as atitudes, de certo modo, são até previsíveis, os comportamentos básicos estão definidos.

O grupo se tornou grupo e aprendeu a se comportar como grupo. Ele é agora uma unidade significativa. Os membros do grupo se tornaram pessoas e o terapeuta também. O contato é direto, claro. O grupo adquire o que eu poderia chamar de *awareness continuum*, podendo o processo dos indivíduos e o do grupo como unidade ser observado, descrito, interpretado.

Dissemos anteriormente que o grupo é figura e que seus membros são fundo. Tal fato está ligado ao princípio de que a necessidade maior está sempre presente e emerge. O grupo, no caso, é a unidade primeira e maior, por isso ele é a figura. O grupo como entidade é sempre figura, pois, mesmo quando alguns de seus membros estão trabalhando, o grupo está trabalhando através dele. Talvez pudéssemos dizer que esse membro é uma figura concomitante.

Dissemos ainda anteriormente que o grupo se inicia na fase geográfica, passa à psicológica e, finalmente, à comportamental.

Na fase geográfica, o grupo é intencionalmente grupo e, nesse sentido, podemos dizer que seus membros são figura. Nessa fase, a necessidade das pessoas vem primeiro que a do grupo. Cada um tenta cuidar de si e não do grupo. A dinâmica pessoal precede cronologicamente a do grupo, embora como entidade formal o grupo esteja ali e seja figura.

Passando da fase geográfica às posteriores, a dinâmica vai mudando, a atenção vai recaindo cada vez mais sobre a entidade grupo, as figuras vão retornando ao fundo, e o fundo vai se tornando figura, e, finalmente, o grupo se constitui na figura permanente.

Essa distinção é necessária por uma questão metodológica. Na fase geográfica, o terapeuta não pode tratar o grupo como uma entidade com uma matriz, pois esta ainda não existe. Quando o terapeuta, desde os primeiros momentos, insiste em tratar um grupo novo como uma entidade por si, poderá destruí-lo, pois os laços afetivos ainda não existem, o que passa a acontecer nas fases posteriores, quando o grupo se constitui como uma matriz.

Embora na fase geográfica o grupo não seja denominado grupo, mas apenas intencionalmente, nada é neutro de significação, pois basta que haja qualquer tipo de relacionamento para que as significações comecem a afetar o processo grupal. O campo, qualquer que ele seja, tem sua organização própria, pois, do contrário, não poderia organizar-se como um campo. Neste campo, cada pessoa age de acordo com seus objetivos, com suas necessidades, procurando, tão logo se sinta em um determinado campo, seus pontos-chaves. Assim, quando se vai a uma festa, procura-se, de imediato, o melhor lugar para se ficar; quando se entra num grupo, procura-se imediatamente alguém ou algum lugar onde se pensa que se estará mais confortável. Esses são pontos-chaves. Essa atitude é já uma tomada de consciência, suficiente para produzir uma determinada escolha, a qual, embora provisória, já tem uma totalidade imediata do campo, uma totalidade quase instintiva, suficiente para gerar uma *awareness* no grupo como processo que determinará, inicialmente, seus primeiros passos visando a formação do grupo como uma entidade dinâmica.

Esse campo funciona como um mapa, como uma figura em permanente relação com outras figuras. Essas figuras se relacionam dinamicamente entre si. A sala e o grupo, por exemplo, formando um fundo mais amplo, de onde, de novo, novas figuras poderão surgir, fazendo esse fundo (*ground*) modificar-se a todo instante. Na realidade, figura (*figure*) e fundo (*ground*) são processos interdependentes e o que determina sua dinamicidade é a necessidade do sujeito nesse campo. Digamos que é a intencionalidade do sujeito que provoca essa alternância entre figura e fundo. O simbolismo que o sujeito atribui às figuras, ou seja, àquilo que ele identifica como figura no seu campo, é que criará a relação psicocomportamental, pois cada um organiza seu campo a partir de suas necessidades e percepções internas.

Voltemos ao grupo terapêutico.

O grupo é como um mapa, onde cada rua tem funções diversas, algumas especificadas, outras subentendidas, outras atribuídas. Cada um, nesse grupo, é um fundo com relação a esta figura maior e mais elaborada. Lewinianamente falando, cada um olha o grupo como um todo e lhe dará papéis, funções, a partir de suas necessidades.

Um paranóico tenderá a ver o grupo como algo contra ele, um introjetor ou confluente tenderá a ver o grupo como algo a favor dele.

Dado que curar-se é a valência maior, eles tenderão, por um movimento natural, a escutar cuidadosamente essa realidade maior e se programarão, internamente, no sentido de responder, mais imediatamente, aos estímulos que eles mais discriminarão. As pessoas, em um grupo, tenderão a organizar um grupo externo a partir de suas necessidades internas ou matrizes internas.

Kurt Lewin dizia: "A necessidade organiza o campo".

Nesse sentido, a resistência grupal, enquanto um movimento de *acting out*, deverá ser analisada a partir das necessidades do grupo. O *acting out* é um sintoma que provém de necessidades que tentam emergir no grupo, mas não conseguem, não têm permissão para isso. Necessidades diferentes criam resistências diferentes, ou seja, organizam o campo diferentemente e resistências diferentes criam necessidades diferentes e ambas organizam o campo diferentemente.

É natural que o grupo crie maiores e mais complexas resistências no seu início, até por uma questão de segurança, pois a função da resistência é controlar o fluxo energético entre o dentro e o fora, enquanto processos complementares.

Conhecer, portanto, as necessidades de um grupo é, provavelmente, conhecer que tipo de polaridades podem estar ocorrendo como processo resistencial.

Estamos falando de campo. O grupo forma um campo unificado de vários subcampos ou, melhor dizendo, de vários subsistemas. O grupo terminará por formar seu próprio tipo de contato, terminará por se expressar prioritariamente de uma certa maneira, mais intelectualmente ou mais espontaneamente, o grupo terminará por formar sua própria resistência, a qual será diferente das resistências individuais de cada subsistema.

Dentro do grupo, a resistência de cada um é dele e é do grupo, uma contém diferentemente a outra. No entanto, o terapeuta deve estar atento à resistência de cada um, à maneira como essa resistência se acopla à resistência do outro e a como o que surge daí é diferente da de ambos. Ele deve estar atento ao processo individual e ao grupal o tempo todo.

Dado que o grupo se constitui em uma matriz diferente da matriz interna de cada um, ele forma uma figura, que é o que tem de ser apreendido e que provém de um fundo maior e significativo.

O grupo, como um todo, é o espaço vital, na expressão de Kurt Lewin, é o *locus* onde o comportamento ocorre.

"O espaço vital é o universo do psicológico, é o todo da realidade psicológica, contém a totalidade dos fatos possíveis, capazes de determinar o comportamento do indivíduo; inclui tudo o que é necessário à compreensão do comportamento concreto de um ser humano individual em um dado meio psicológico e em um determinado tempo. O comportamento é função do espaço vital."[2]

Campo é uma noção dinâmica e não estática, daí que é sempre possível uma permanente comunicação entre os diversos subsistemas (pessoas) dentro de um campo ou de um espaço vital. Existe o que Lewin chama de *propriedade de permeabilidade*, que poderíamos chamar de comunicação interpessoal de inconscientes ou reação em cadeia pela qual o grupo entende estranhamente o que está se passando com cada um dos seus membros.

Tal fenômeno está ligado ao *princípio de proximidade-afastamento* e está diretamente ligado ao da *fluidez-rigidez*. Quanto mais fluido ou rígido é o grupo, tanto mais ou menos surgirá o fenômeno da permeabilidade.

Esses princípios explicam por que a resistência é mais freqüente no início do grupo. Ela é, portanto, uma função de controle e proteção no início. Na razão em que a segurança aumenta a fluidez, a rigidez diminui e o princípio da permeabilidade ocorre.

Esses princípios controlam o processo grupal no sentido de explicar o próprio movimento figura-fundo. Na verdade, um único elemento de um grupo — um subsistema em um dado campo — poderá gerar, dado o princípio da permeabilidade, diferentes Gestalts ou configurações, a partir de como organiza sua necessidade no campo. Esse único elemento dentro dessa figura maior, o grupo, está ele mesmo sujeito à dinamicidade do princípio figura-fundo, através do qual sua percepção se organiza diferentemente sempre que uma sua necessidade é satisfeita.

Atrás de toda tensão existe uma necessidade. A tensão impede o contato, uma maior consciência interna e externa; por isso, perceber as tensões e interpretá-las ou reconhecê-las é um caminho direto à descoberta das necessidades grupais.

O grupo convive o tempo todo com um tríplice processo: o do indivíduo e que este percebe como seu próprio, o do outro membro do grupo e que o cliente percebe como não sendo seu, e o que cada um percebe como sendo um processo do grupo como tal.

O terapeuta pode e precisa estar atento a esse tríplice processo como algo que ocorre no espaço vital grupal, onde tudo pertence a todos. Será sua capacidade de distinguir, de intuir que o fará perceber a força ou o vetor presente no campo. Essa força, no dizer lewiniano, tem: *direção, energia* e um *ponto de aplicação*. Tal fenômeno ocorre dentro do espaço vital. A direção é a direção da força, a extensão do vetor é a energia da força, o ponto de aplicação é o lugar fora da pessoa atingido pela seta.

Todo fenômeno contém necessariamente estes três elementos. Diante de uma transferência ou resistência deve-se perguntar: qual é a *direção*, isto é, que polaridade está em jogo, onde ocorre o bloqueio no ciclo de contato, etc.? Que tipo de *energia* está sendo usada, positiva ou negativa, que forma de tensão o fenômeno está assumindo, qual é a força, o impacto desta energia na pessoa, no outro, ou no campo? Qual é o *ponto de aplicação*, qual é o ponto, o lugar da resistência, da transferência? Descobrir o ponto é descobrir o *locus* onde as coisas acontecem.

O terapeuta de grupo estará sempre diante de um fenômeno grupal que é carregado de energia, seja ela intrapsíquica, intergrupal ou do grupo como um todo. Embora tenhamos a tendência a trabalhar o campo como um todo, serão a sensibilidade, a prática e teoria do terapeuta que o ajudarão a decidir que postura assumir diante de qualquer fenômeno grupal.

Do ponto de vista teórico do modelo lewiniano, estamos lidando com três conceitos básicos, embora o próprio Lewin tenha falado diferentemente sobre eles ao longo de sua vida: ***redução de tensão, satisfação de necessidades*** e ***solução de problemas***. A aplicação desses conceitos ocorre tanto numa situação individual como grupal. Ao mesmo tempo, temos de lembrar que este tríplice processo envolve uma atividade cognitiva, a percepção de um campo real e psicológico, onde o comportamento ocorre, provocando mudanças através do *insight*.

Isso significa que toda mudança tem que ter a chancela da consciência, pois a resistência à mudança, por exemplo, é, sobretudo e antes de tudo, uma resistência à *awareness*, que é o processo que torna o contato transformador e nutritivo.

Gestalt-terapia não é terapia de emoções, ela é *também* uma terapia de emoções, pois a recuperação das emoções é uma exigência fenomenológica. O homem é um todo, funciona como um todo e tem que ser visto como um todo, e assim é o grupo terapêutico. No homem, como no grupo, o processo cognitivo em si e no seu porquê cria a relação de figura e fundo que, na sua dinamicidade, permite que uma parte projete a existência da outra, tal como ocorre na relação entre duas pessoas em um processo afetivo-emocional.

Quando tal fato ocorre, podemos dizer que houve uma redução da tensão, uma descoberta de necessidades e sua conseqüente satisfação, levando à "solução" dos problemas. Entre aspas, porque terapia não visa solucionar problemas, mas dar os instrumentos, sejam quais forem, para que o indivíduo se reencontre em sua verdadeira identidade e destinação.

3. Teoria organísmica de K. Goldstein

A idéia central da obra de Goldstein é que o organismo deve ser tratado como um todo e não como uma soma de partes e que o organismo deve ser visto como algo que age como um todo.

Transportando esse conceito para o grupo, diremos que, sendo o grupo um corpo, também ele deve ser visto como um todo, como algo que age como um todo e deve ser tratado como um todo.

Chamou a atenção de Goldstein a inabilidade que alguns clientes apresentavam de responder a certos estímulos específicos que visavam trabalhar um órgão ou modificar um comportamento anatômico. Era como se o corpo como tal tivesse uma linguagem diferente da linguagem de um órgão tomado isoladamente. Na verdade, o organismo possui níveis mais altos e complexos do que uma simples seqüência organizada com relação à qual certos estímulos são apenas subsidiários. Um estímulo que visasse apenas diminuir as tensões de um órgão específico se mostrava ineficaz, porque ele fugia de uma seqüência de respostas que pertencia a uma cadeia de respostas de um nível organísmico mais elevado.

Goldstein dizia que, de fato, o único estímulo no comportamento humano é o de interagir com o ambiente, de exercer e promover a capacidade do sujeito de funcionar dentro de um sistema maior, onde a seqüência do comportamento dependa uma da outra de uma maneira teleológica.

Tal pensamento é mais que uma ideologia, é um ato de certeza na equilibração organísmica própria de todo ser e própria de toda tendência teleológica cósmica.

Quando se fala que ser gestaltista é um estado de espírito, tal postura é um modo de agir, de estar nas coisas, de olhar o mundo e de confiar na sabedoria do organismo. O terapeuta, que não estiver imbuído desse espírito tenderá a olhar o seu próprio ato terapêutico com insegurança, porque, no fundo, sua crença rígida na ciência impede seu olhar mais solto na direção da sabedoria com que o organismo funciona a cada instante.

Este é o instinto do corpo: auto-regular-se. Este é o instinto do grupo: auto-regular-se.

Goldstein afirma que o organismo se organiza em função de dois princípios básicos, o de *satisfazer suas necessidades* por falta e *o de crescer*, buscando sua nutrição de uma maneira organizada interna e externamente. Na realidade, o organismo se organiza como um todo. É como se tivesse um fundo que regulasse seu comportamento de busca e de complementação. O organismo é uma só unidade e o que ocorre em uma parte afeta as demais. Assim ocorre no grupo: tudo afeta todos.

Ele apresenta alguns princípios técnicos, que procuraremos aplicar à noção de grupo.

1. A pessoa é una, integrada, consistente.

A pessoa não é um caos de partes. A organização é natural ao organismo. A patologia é um momento de saída do equilíbrio organísmico.

O grupo é "patológico" no princípio, porque as pessoas estão ainda isoladas. Cada membro olha para si e tenta, até por uma questão de segurança, conservar sua identidade. Trata-se de uma atomização natural no início do processo. Com o passar do tempo, o grupo se torna consistente e inteiro, conservando seus membros, sua identidade, agora em comunhão com os demais. É o próprio contato entre os membros que equilibra e organiza o grupo.

2. O organismo é um sistema organizado, com o todo diferenciado em partes.

O todo não pode ser compreendido a partir de suas partes, porque o todo é regido por leis que não se encontram nas partes. A totalidade é o seu próprio princípio regulador. O grupo, quase instintivamente, procura essa totalidade, que, conceptualmente, é a formação da matriz grupal.

O grupo é regido por leis específicas. O processo grupal contém e transforma os processos dos indivíduos, embora devamos estar atentos aos processos individuais, porque, do contrário, podemos induzir os indivíduos a uma espécie de desidentificação, o que poderá levar o grupo à autodestruição. O indivíduo, no grupo, jamais perde sua característica de indivíduo, pois ele precede o grupo cronologicamente como ser no mundo.

3. O homem possui um impulso dominante de auto-regulação pelo qual é permanentemente motivado.

O grupo tem uma tendência a procurar a solução perfeita. O grupo lida muito mal com o inacabado, com o incompleto, e é esse impulso que dá vida e energia de transformação ao processo grupal.

4. O homem tem dentro de si potencialidades que regulam seu próprio crescimento, embora possa receber influências positivas de crescimento vindas do mundo exterior, as quais ele seleciona e utiliza.

O grupo está sempre à cata da verdade, lida mal com a mentira, com o fingimento. O grupo sabe respeitar o silêncio interior de cada um e os medos que provocam insegurança, mas lida mal com meias verdades, com a ambigüidade querida, provocada. O grupo espera pacientemente. Uma das funções do terapeuta é ensinar ao grupo a lidar com a paciência, com a frustração, a saber esperar a hora e a vez de cada um. Nesse processo de espera e escuta, o grupo seleciona e incorpora o aprendizado da vida de cada um.[3]

Na realidade, não existem dois campos comportamentais, um do grupo e outro do terapeuta.

Existe um só campo: o grupo. O terapeuta, a seu modo, é membro do grupo. Nele, todos, inclusive o terapeuta, são membros diferenciados, formando um só campo, um só corpo em íntima articulação. O grande processo é aquele da figura e fundo, onde um não existe sem o outro; antes, um faz com que o outro exista. Terapeuta e clientes vivenciam o mesmo meio comportamental, o mesmo espaço vital.

A grande lição da Teoria Holística é tomar consciência de que o próprio universo é um campo, um só campo de força, e que esse universo é subdividido em milhões de campos de força. O grupo, ou este nosso grupo, é um campo de força em um universo maior. Estamos sujeitos às leis desse universo maior. Lembrar-se disso é a essência de todo o processo de regulação organísmica. Tudo é uma coisa só!...

O universo é uma imensa Gestalt em eterna luta para manter-se equilibrado e equilibrando.

O grupo é uma imensa Gestalt, um campo de energia em busca permanente de sua auto-regulação. O grupo é uma coisa só, embora composto de vários elementos. Essa variedade funciona como fenômeno catalisador de uma unidade maior: cliente e terapeuta, cliente e grupo, figura e fundo em permanente e dinâmica motilidade.

4. Teoria da física quântica

A física quântica é essencialmente holística e vem sendo usada para explicar fenômenos até agora incompreensíveis. Seu campo de abrangência se alarga, dando propriedade a fenômenos até hoje pouco conhecidos.

Pode parecer estranho a utilização aqui de conceitos da física quântica. Anima-me tal inclusão, porque, como o universo, também o grupo terapêutico é visto por muitos como misterioso, amedrontador. As sensações que surgem nos membros do grupo e, sobretudo, em um terapeuta engajado ao fim de um *workshop* são de uma grandiosidade que escapa às categorias comuns de classificação. Sensações de plenitude e de vazio, de vida e morte, de supernutrição e de fome se cruzam produzindo efeitos pós-terapia por um longo tempo. Tudo isso me remete a uma visão quântica da realidade que as teorias comuns não podem responder, nem mesmo a teoria do contato.

Não sei se se trata só de analogia, pois alguns dos seus conceitos se aplicam perfeitamente à realidade do grupo, tornando mais consistente os conceitos da Gestalt-terapia. O agir grupal a partir de alguns desses conceitos poderá ganhar em clareza.

Assim, o grupo funciona como o *princípio da complementaridade* da física quântica, que afirma "que cada modo de descrever o ser, como onda ou como partícula, complementa o outro e que o quadro completo surge somente do 'pacote'. 'É a própria dualidade o aspecto mais básico'. A 'substância' quântica é, essencialmente, *ambos*: o aspecto onda e o aspecto partícula, simultaneamente".[4]

Assim ocorre com a noção de figura e fundo, de indivíduo e grupo como um todo. Na realidade do aqui e agora só existem ambos, em íntima comunhão, numa sucessão dinâmica interminável, onde esta alternância cria a permanência do ser.

Um existe, o outro existe. Um foi feito para o outro, de tal modo que é a existência de um que permite a existência do outro. A "substância" é isso, onda e partícula, figura e fundo, indivíduo e grupo. Quando é um, não é o outro, quando se "vê" um, não se "vê" o outro, mas um permite a existência do outro numa espera e sucessão absolutamente dinâmica. A energia vai ser uma ou outra dependendo de circunstâncias que, por hora, não temos condições de conhecer. No grupo, por exemplo, não se sabe quando o indivíduo é o indivíduo e quando ele é o grupo, quando ele fala única e exclusivamente de seu mundo interior e quando sua fala é expressão da matriz grupal, ou se, uma vez no grupo, ambos estão inevitavelmente contaminados um pelo outro.

"Dessa forma, a maioria dos elétrons e outras entidades subatômicas não são *nem* totalmente partículas *nem* totalmente ondas, mas, antes, uma confusa espécie de mistura das duas, conhecida como 'pacote de onda', e é aqui que a dualidade onda-partícula e o mistério quântico se revelam plenamente. Embora possamos medir propriedades das ondas e propriedades das partículas, as propriedades exatas da dualidade sempre escapam a qualquer medição. O máximo que se pode pretender em relação a qualquer pacote de onda é uma leitura nublada de sua posição e uma leitura igualmente nublada de seu *momentum*. Assim como muitas vezes sentimos que nunca compreendemos inteiramente uma pessoa, que nunca realmente conseguimos determinar sua natureza essencial, é uma verdade indubitável que nunca conhecemos plenamente uma partícula elementar. É como se estivéssemos eternamente condenados a enxergar apenas sombras em meio à neblina. A natureza total dessa indeterminação quântica vai direto ao coração do problema filosófico central, levantado pela mecânica quântica — a natureza da própria realidade."[5]

"Para a física quântica, porém, tanto ondas como partículas são igualmente fundamentais. Uma e outra são modos pelos quais a matéria se manifesta, e as duas juntas são o que a matéria é. E, ainda que nenhum dos 'estados' seja completo em si mesmo e ambos sejam necessários para nos dar um quadro completo da realidade, na verdade só conseguimos focalizar um de cada vez. Essa é a essência do *princípio da incerteza* de Heisenberg, que, como o da complementaridade, é um dos princípios mais fundamentais do ser na teoria quântica."[6]

"Quero defender a visão de que o fundamento mesmo da realidade é um labirinto móvel e indeterminado de possibilidades."[7]

"Neste átomo perturbado não há nenhuma sucessão conhecida de acontecimentos, com uma coisa causando a outra. As coisas simplesmente 'acontecem porque acontecem', assim como as imagens livremente reunidas de um poema, onde se sucedem uma após a outra, sem obedecer a nenhuma ordem necessária. E, pior do que isso, elas acontecem simplesmente em todas as direções, o que nos leva à questão 'das possibilidades perdidas'."[8]

A utilização da física quântica para se compreender melhor a realidade do grupo se torna apropriada no momento em que, mais que nenhuma teoria, a física quântica revela a realidade do ponto de vista holístico, que, no fundo, é a quintessência da Gestalt-terapia, enquanto visão holística dessa realidade. Conceitos como figura-fundo, aqui e agora se encontram igualmente no cerne de ambas as teorias. Consciência e conhecimento são preocupações tanto da física quântica quanto da abordagem gestáltica.

Voltemos às citações para algumas reflexões finais.

O grupo, usando a linguagem quântica, funciona como um "pacote de onda", onde nem o indivíduo é totalmente indivíduo, nem o grupo é totalmente uma entidade em si, porque ambos têm sua existência inter e intrapsicológica condicionada. Nada, portanto, será exclusivo de um ou de outro, mas existirá um alhures, segundo Koffka, onde ambos se encontram.

Embora eu possa ver, medir o indivíduo no grupo e o grupo no indivíduo, nunca se saberá exatamente que coisa está sob medida.

Na verdade, o que vemos é o *momentum*, o aqui e agora, que, por natureza, é espacial e temporal. Esse *momentum* é algo mágico e concreto, simbólico e real, pleno e vazio, ele contém a trama existencial do grupo naquele preciso instante, revela e oculta o processo do passado e do futuro de cada um e de todos, agora.

Quando assistimos a um momento de ternura, de agressão entre duas pessoas ou uma pessoa se trabalhando intensamente, teorizamos ser aquilo do sujeito ou do grupo ou de ambos. Na verdade, estamos diante de um fenômeno que, ao mesmo tempo em que se revela, também nos escapa. Estamos diante do Princípio da Incerteza, onde se precisa de ambos, indivíduo e grupo, para se ter um quadro completo da realidade, embora apenas se consiga focalizar um de cada vez.

Uma interpretação ortodoxa dos processos grupais, neste caso, cai por terra, porque no universo quântico nada é premeditado, a realidade é um labirinto móvel e indeterminado de possibilidades.

A função do terapeuta de grupo, nessa concepção, é a da escuta atenta da realidade, da observação paciente das direções, pois a própria redução fenomenológica é apenas uma hipótese conceptual mais próxima da realidade, enquanto manipulação intelectual de dois universos, o dentro e o fora.

No universo quântico, estamos fora da linearidade e causalidade newtonianas, um universo de ordem e verdades pré-sabidas.

No átomo, como no grupo, uma coisa não produz a outra, mas as coisas simplesmente acontecem porque acontecem e em qualquer direção.

Nós, terapeutas, precisamos de parâmetros, de nos organizarmos metodologicamente para não vermos a realidade como um caos, como um fundo. Precisamos de figuras, mapas, marcos que nos conduzam. A realidade, porém, nos dá apenas pistas e é com pistas que trabalhamos, pois as aparências não nos enganam, apenas dão pistas e não conseguem nos revelar tudo.

No grupo, como na vida, procuramos newtonianamente causas e efeitos, precisamos de segurança, mas a realidade acontece sem obedecer a uma ordem necessária; antes, as coisas, os processos acontecem em todas as direções. Temos, portanto, de entender que, mesmo tendo escolhido o que pensamos ser o melhor caminho, as possibilidades perdidas continuam ao infinito.

A fenomenologia continua sendo uma excelente proposta metodológica, enquanto nos convida à observação paciente da realidade, na esperança de que ela se auto-revele. Somos apenas leitores dessa realidade.

O respeito do terapeuta pelo processo de cada pessoa, sua capacidade de intervir adequadamente, a percepção acurada do que é seu, dos indivíduos e/ou do grupo, sua capacidade de acolher sem censura, sua presença presente nos momentos de crise é que farão o grupo se superar, passar suas diversas fases e chegar ao fim, se chegar, sem saber exatamente o que aconteceu, mas sabendo que sua realidade de ser se transformou.

5. Conclusão

A inclusão da física quântica me parece um avanço na compreensão de certos processos como consciência, como sensações vividas no *momentum* terapêutico, sobretudo, grupal. Apesar de não se poder falar de estados alterados de consciência no processo terapêutico, é sabido que muitas sensações vividas no grupo precisarão de explicações mais sutis para serem completamente entendidas. Muitos acharão estranha a inclusão da física quântica, mas o tempo dirá da utilidade da visão quântica para compreensão do processo terapêutico. São primórdios, e o caminho está aberto. O conceito de cura será certamente mais bem operacionalizado, quando certos conceitos da física passarem às ciências humanas.

A cura ou ocorre holisticamente ou, de fato, não ocorre.

As teorias aqui estudadas nem sempre podem ser usadas na sua totalidade para a compreensão do processo terapêutico, mas seu uso apropriado amplia a visão do campo comportamental terapêutico, enquanto introduz lógica e metodologia de trabalho.

Yontef diz: "A base conceptual e a visão do mundo da Gestalt-terapia é baseada no Holismo e na Teoria do Campo".[9]

Aprofundar essas teorias e usá-las inteligentemente é abrir as portas da compreensão a um mundo infinito que ocorre, aqui e agora, diante de nossos olhos.

Usar a física quântica para compreender o processo grupal é entender que Gestalt-terapia não é apenas perceber o indivíduo, mas entender quanticamente que a maior e mais harmônica das Gestalts é o universo que se transforma na grande casa que nos acolhe, nos dá vida, nos faz compreensíveis uns aos outros. Só descobrimos o nosso sentido quando, mergulhados nessa Gestalt maior, entendemos que tudo, sem exceção, é relação e probabilidades.

Referências Bibliográficas

1. Koffka, K., 1975, p. 78.
2. Hall e Lindsey, 1971, p. 238.
3. Hall e Lindsey, 1971, pp. 331-335.
4. Zohar, D., 1990, p. 25.
5. Zohar, D., 1990, pp. 22-27.
6. Zohar, D., 1990, p. 26.
7. Zohar, D., 1990, p. 28.
8. Zohar, D., 1990, p. 32.
9. Clarkson, P., 1989, p. 26.

CAPÍTULO V

A CONDUÇÃO DO GRUPO

O maestro tem uma pauta e uma batuta. Ele segue a pauta, o ritmo, mas a intensidade de seus movimentos, o ardor de seus gestos, a movimentação de todo o seu corpo, a força de seu olhar condicionam os músicos a entrarem em profunda sintonia com sua energia.

Conduzir um grupo é uma ciência, uma técnica e uma arte.

O grupo é um organismo vivo, com leis e movimentos que, de certo modo, pertencem à cultura geral onde quer que se realize, embora com características próprias dos elementos que o compõem e seja uma entidade diferente da soma de seus membros. Assume características próprias, problemas e sintomas que resultam da trama inconsciente que une as pessoas. Cada grupo, portanto, estabelece sua cultura e, conseqüentemente, exige cuidados próprios e específicos. É natural, portanto, que os grupos funcionem diferentemente e que o terapeuta tenha habilidades próprias de um condutor ou administrador de grupo.

A improvisação, quando não danosa, é, ao menos, perigosa. Nesse sentido, não se podem transferir as habilidades de terapeuta individual para aquele de grupo, pois o grupo tem uma teoria e um tipo de processo próprios que exigem uma metodologia adequada. O discurso da terapia individual, portanto, não vale, em definitivo, para o do grupo.

O grupo é um dado, um fenômeno e sua leitura exige um tipo de aproximação que lhe permita ser e fluir em um constante processo de conscientização.

1. O grupo como ciência

Do ponto de vista da ciência, a condução do grupo exige conhecimentos de *Fenomenologia, Teoria do Campo* e *Teoria Holística*. Estas teorias são o tripé para a condução do grupo dentro de uma visão humanístico-existencial. A condução do grupo está embasada nessas três teorias. O terapeuta deve ser familiar a elas, dado que normatizam seu pensamento, sua ação e postura. Não há como descrever essa postura, ela ocorre sempre que a condução do grupo estiver embasada profundamente nas três ou em uma das três, pois embasar-se profundamente em uma significa estar vivenciando as outras duas.

A condução do grupo exige do terapeuta ser um profundo conhecedor dos processos grupais em geral e, especialmente, daqueles terapêuticos. Existe uma vasta e rica literatura tanto da psicologia social, quanto da sociologia e antropologia acerca do processo grupal. Ligado a esses temas, a dinâmica de grupo, como teoria, é fundamental como embasamento para quantos desejem trabalhar em psicoterapia de grupo. As pesquisas nessa área completam o quadro teórico.

2. O grupo como técnica

O grupo é uma miniatura da vida e, como a vida, oferece suas surpresas, experiências, riscos e medos.

A técnica decorre de uma metodologia, que lhe dita os princípios básicos de sua condução. A técnica é condicionada e é decorrência da visão teórica do terapeuta.

O terapeuta de grupo, tecnicamente, poderá adotar três posições:

1. Terapia individual em grupo. Este é o modelo de Fritz Perls e é também o modelo psicanalítico. Neste caso, a pessoa fala seu assunto, seu problema e o terapeuta lida com ele, como se estivesse em terapia individual. O grupo assiste silencioso à condução do caso. Acabado aquele momento, o terapeuta passa para outra pessoa.

2. Terapia de grupo. Neste modelo, de um modo geral, o terapeuta e os membros do grupo se envolvem com uma pessoa ou com uma temática. Alguém do grupo se torna figura, trazendo à tona uma necessidade sua específica. O terapeuta conduz o caso, e os membros do grupo podem intervir dando *feedbacks*, solicitando intervenções. Normalmente, após o trabalho, solicita-se ao grupo que fale livremente, expressando seus sentimentos a respeito do acontecido. Compete, entretanto, ao terapeuta julgar a conveniência ou não dessas intervenções após o trabalho. Às vezes, o trabalho foi tão intenso, tão sofrido, que é melhor deixar a pessoa vivenciando sozinha seus sentimentos. Em todos os casos, é importante perguntar à pessoa que acaba de fazer o trabalho se quer ouvir os outros membros do grupo.

3. Terapia de grupo. Neste caso, o grupo é visto como o cliente, como uma unidade em tratamento. Tudo o que ocorre no grupo é visto como pertencente ao grupo como um todo. As colocações individuais são vistas como ressonância do inconsciente ou da matriz grupal. As questões são sempre devolvidas ao grupo, que é o melhor intérprete de seu próprio processo.

Este modelo é mais difícil, mais complexo, porque envolve a crença no processo do grupo como algo diverso da soma dos processos individuais, bem como supõe uma aguda capacidade do terapeuta de sempre induzir o tema central a partir das colocações individuais e devolvê-lo ao grupo como uma produção sua. Teoricamente, o grupo abandona as falas individuais e trabalha o tema que está por trás das comunicações individuais.

Foulkes dizia que curar o grupo é curar cada um de seus membros. Neste modelo, o terapeuta está sempre à cata do sintoma do grupo e não do das pessoas que o compõem.

Este modelo é certamente o mais difícil dos três para ser operacionalizado e, certamente, o mais eficaz e eficiente.

Esses três modelos poderiam ocorrer até em uma única sessão, como três momentos vividos pelo grupo, mas o normal é que o modelo número 1 ocorra, em geral, mais no início das terapias de grupo; o modelo número 2 mais para o meio, quando o grupo já tem uma certa familiaridade, e o modelo número 3, quando o grupo já está mais maduro, tendendo a transcender o *aqui* e *agora* das necessidades imediatas, procurando projetar-se no próprio mistério da vida, como tema ou como processo totalizador do processo do grupo como um todo.

Uma questão prática é como e quando se decidir por um dos três modelos ou se isso ocorre espontaneamente.

O terapeuta deve ter muita sensibilidade para respeitar a necessidade do grupo. A teoria da figura e fundo nos afirma que a necessidade mais urgente surge e se torna visível. O terapeuta organiza sua percepção a partir do fenômeno imediato, daquilo que é figura, fazendo o possível para não interferir na sua estruturação.

O terapeuta jamais imporá sua percepção, ele a comunica ao grupo e solicita sua confirmação ou não, sobretudo quando sente que o modelo número 3 seria o mais adequado para o momento, trabalhando a produção das pessoas como um único conteúdo grupal.

A escolha do modelo a seguir e o momento de fazê-lo será do terapeuta, mas sempre prestando atenção aos seus movimentos e contratransferências, sempre tendo o grupo como figura, sempre avaliando os benefícios da aprendizagem do indivíduo e/ou do grupo e estando em contato constante com sua fantasia a respeito do grupo.

"O ir às coisas mesmas" obedece ao movimento do grupo, o qual está sempre atento à perseguição da verdade. O terapeuta é o catalisador, o intermediário nesse e desse processo de reconhecimento da realidade. Ele precisa fluir com o grupo, aquilo que Foulkes chamava de associação livremente flutuante de grupo. Não se trata de impor, mas de escolher a partir dos dados presentes. Existem milhões de modos de ir à coisa mesma e a única coisa proibida é o impor-se à realidade, pois nunca se pode perturbar a natural tendência da realidade de auto-revelar-se. A realidade nos convida a ir ao seu encontro, a ir às coisas mesmas. A velocidade desse ir, entretanto, desse caminhar, desse encontrar será ditada pela própria coisa na sua urgência de auto-revelar-se. Ir às coisas mesmas é obedecer à natureza dessa urgência, desse apelo em um dado horizonte. O terapeuta não cria a urgência, ele a intui, entra no seu ritmo, dançando a música que a natureza da coisa lhe impõe.

Muitas vezes, o que ocorre no grupo não se enquadra em nenhum modelo. Os membros do grupo falam entre si, conversam livremente, sem que seja uma conversa social. Essa fala pode soar, às vezes, como uma negativa de entrar no emocional, como fuga de algo que está emergindo e que é doloroso para todos, pode ser um cansaço natural ou, simplesmente, a vontade de estar junto.

Nessa situação, poder-se-ia tentar descobrir um tema que os une e mantém a conversação ou, simplesmente, podemos pensar que o grupo está fazendo contato.

O contato é um movimento transformador. Sempre que ele ocorre, há também mudança. Se não impedirmos que o contato ocorra, ele acontecerá infalivelmente. O conversar sem pretensões, sem objetivos, o poder olhar um para o outro e escutar sua fala são uma ampliação das fronteiras, do horizonte do contato.

A fala grupal não precisa ter um objetivo, ela é o objetivo. Às vezes, a trama da fala é tal que é difícil surgir um sentido, um tema. Parece que, nesses casos, o não surgir de uma figura clara revela ou que o grupo ainda não identificou sua necessidade, ou que sua necessidade é estar no plano consciente, ou seja, o que está ocorrendo é a produção do imediato que revela sua necessidade. Tecnicamente, ou se deixa o grupo seguir esse movimento, até que, por si próprio, reflita o que está acontecendo e procure outro caminho, ou se assinala ao grupo o que está acontecendo, para que reflita sob nova luz. A opção, porém, não deve mudar o em si da coisa, ou seja, o fato, o fenômeno. A relação que se estabelece entre a consciência grupal e o fenômeno deve fluir de um processo interno do grupo.

De outro lado, às vezes, um participante do grupo emerge fortemente como figura, ao trazer um tema emocional em que se percebe claramente o envolvimento da pessoa com sua fala.

Ainda aqui o terapeuta terá três opções de trabalho e a decisão dependerá de sua percepção e sensibilidade da relação figura (cliente) e fundo (grupo) e em que nível ela acontece.

Citemos um exemplo: um cliente fala emocionado da relação com o pai no que se refere à sua dependência e à sua incapacidade de se libertar dele.

1ª opção: o terapeuta entende que, de fato, o cliente é a figura. Não existe aqui um simbolismo claro. O cliente está falando de si e de sua relação com seu próprio pai. O terapeuta sente sua necessidade pessoal de falar, de desabafar, de se entender, de ser escutado.

Nesse caso, o terapeuta dedica a ele todo o tempo de que ele necessita. A pessoa terá feito terapia individual em grupo. Ela foi figura o tempo todo.

2ª opção: o terapeuta entende que a fala do cliente, além de se referir ao seu próprio pai, simbólica ou até realmente se refira também a ele e ao grupo. Nesse caso, o terapeuta, mantendo a pessoa como figura, participa sua percepção ao grupo, enquanto algo pertencente ao grupo, e pede e/ou permite a participação do grupo durante o trabalho. Escuta as sensações do grupo, confere-as com a pessoa em questão. Enfim, o grupo participa do trabalho. Nesse caso, ele terá feito terapia de grupo. Ora a pessoa, ora o grupo são figura.

3ª opção: o terapeuta entende que a fala da pessoa é simbólica, uma fala do grupo. A pessoa está ressoando a matriz grupal. De fato, a fala da pessoa esconde um tema muito mais amplo, como: solidão e controle, riscos de ser livre, etc. Nesse caso, o terapeuta "abandona" a pessoa e comunica sua percepção ao grupo e pergunta ao grupo se faz sentido. Assim: "Estou sentindo que este tema é um tema grupal. Ele tem aparecido aqui já algumas vezes. Acredito que X está falando de uma coisa sua, mas que também é muito nossa. Minha proposta é que cada um de nós fale livremente do tema, caso sinta também que se trata de um tema seu e de todos e que X concorde em transferir o tema para ser tratado por todo o grupo."

Na terceira opção, existe também uma variante: o grupo, já há algum tempo, está falando de coisas diversas ou aparentemente diversas. Após um certo tempo, o terapeuta intui o tema oculto na fala do grupo. Nesse momento, ele assinala para o grupo o que, na sua percepção, está ocorrendo, ou seja, ele sai da coisa em si e revela o em si da coisa e sugere que o grupo ande naquela direção. O grupo, portanto, estará trabalhando com sua própria produção e estará fazendo, neste caso, terapia do grupo, na melhor das acepções. Nesse caso, o tema comum passa a ser a figura. Abandonou-se a comunicação e se centrou no comunicado. O grupo, de certo modo, ou talvez a matriz passa a ser o fundo que produz os conteúdos coletivos.

Esses três modelos são igualmente válidos. A escolha de um deles dependerá do estilo do terapeuta e de sua formação teórica e das necessidades do cliente e do grupo. Existem aqueles que trabalham bem com as três posturas, mas, de um modo geral, a segunda opção é a mais comum, embora a terceira, do meu ponto de vista, seja mais difícil, mais eficaz e efetiva, dado que lida com o grupo como um todo.

3. O grupo como arte

Conduzir um grupo é como conduzir uma orquestra. Ciência só não basta, técnica só não basta, é preciso espontaneidade, sensibilidade, poder de entrega, capacidade de criar.

O grupo terapêutico é algo indescritível, algo que escapa à capacidade humana de descrevê-lo. A produção de um grupo terapêutico é algo como uma criação misteriosa, algo finamente sutil e forte, que tentamos entender, descrever, cuja essência escapa à nossa consciência. Pensamento e emoção, fantasia e realidade, nada e tudo, ordem e caos se misturam na beleza da criação do ato terapêutico grupal.

Humildade é a palavra, a postura para poder abeirar-se da grandiosidade da comunicação, dos relacionamentos, das formas de contato, de amor que gera, aquece e mantém uma relação terapêutica grupal.

Uma situação completamente diferente é aquela em que o cliente afirma que tem necessidade urgente de ouvir o grupo para tomar uma decisão mais sábia e segura e que, naquele momento, está tão confuso que não consegue decidir-se. Trata-se, pois, de uma emergência, de uma situação de crise, de *stress*.

A questão teórica que se coloca é como dar conselhos, mostrar caminhos sem ferir a postura fenomenológica própria da Gestalt-terapia. Aqui, precisamos colocar alguns princípios.

1. O cliente é, nesse contexto, figura. Isso envolve ver o cliente não como um conceito, mas como um fato, uma dada pessoa, em um dado contexto concreto, localizado.

2. O conceito de "ir às coisas mesmas" deve ser entendido como pertencente a uma realidade total. O "ir às coisas mesmas" não pertence ao terapeuta, mas sim ao cliente. Não é o terapeuta que deve ir às coisas mesmas do cliente, mas o cliente é que tem que ir às coisas mesmas, isto é, chegar à essência mesma de seu desejo, de sua necessidade.

3. A fenomenologia não é uma forma de psicoterapia, como se a Gestalt-terapia fosse igual à fenomenologia. Fenomenologia é um modo de ver a existência, aqui e agora, e, nesse sentido, empresta sua visão de mundo à Gestalt-terapia. Ela é auxiliar do terapeuta e não substituta da sua criatividade, sensibilidade e bom senso, porque é limitada e não tem resposta para tudo e para todas as situações.

4. O "ir às coisas" não gera uma realidade, mas é conseqüência dela, e seu processo é o processo da urgência do cliente.

5. O "ir às coisas mesmas" pode seguir tanto um processo dedutivo, isto é, de fora para dentro, quanto um indutivo, isto é, de dentro para fora.

Com esses princípios em mente, a questão de dar conselhos passa a ser acidental. Se o cliente quer, pede conselhos, nada impede que o grupo o faça, a questão será como fazê-lo. Em princípio, dizemos que não se deve dar conselhos, pois, por mais válidos que sejam, a decisão e o poder permanecem com o terapeuta. O conselho, no entanto e enquanto possível, poderá ser dado de forma mais aberta, através de raciocínios amplos que permitam ao cliente chegar à solução desejada, quanto possível por si próprio, de modo que possa encontrar a solução como fruto de uma descoberta pessoal. Se, porém, tal atitude não ajuda ao cliente que demanda uma ajuda direta, creio que nada impede ao grupo que o faça, pois a necessidade imediata do cliente é superior e anterior a qualquer forma de filosofia. Se uma filosofia ou metodologia impedem ou não sabem salvar uma pessoa, tal metodologia ou filosofia não servem para orientação do comportamento humano e, muito menos, como uma teoria de base psicoterapêutica.

Se, após orientado, o cliente chega à conclusão desejada, teve sua iluminação, sente-se tranqüilo, podemos dizer que, fenomenologicamente, ele chegou à coisa mesma e que se fez verdadeira terapia. Na realidade, existem milhares de caminhos para se chegar à essência mesma da verdade, da necessidade, do desejo. Nada mais fenomenológico que a fenomenologia não substitua ou sufoque a experiência imediata do desejo, da necessidade do cliente. Nada mais fenomenológico que pensar que a realidade é maior que o conhecimento que se possa ter dela e que conviver com possibilidades é a essência da criação fenomênica. Fenomenologia, como tudo, é uma questão de interpretação.

Não existe uma única fenomenologia. Heidegger, Sartre, Merleau-Ponty e Gabriel Marcel são exemplos de um movimento filosófico que, mantendo as linhas gerais básicas, se permite contemplar a realidade a partir de horizontes diferentes e variados.

O cliente, nesse caso, é figura, o terapeuta e sua teoria, fundos. Os dois devem conviver numa relação dinâmica e criativa. Não dar conselhos, nesses casos, parece-me uma contratransferência, tal como sentimentos de medo, de insegurança do terapeuta provocados pela urgência do cliente. Dar conselhos, nesses casos, é algo que vai na direção do que está acontecendo aqui e agora, ou seja, a necessidade e a demanda clara do cliente em ser ajudado formalmente.

Lembro-me de que, trabalhando em uma comunidade terapêutica em Londres, assisti a um diálogo em grupo em que o cliente pedia orientações precisas ao grupo e ao terapeuta, dizendo-se confuso, desanimado, sem forças para levar avante sua vida, e concluiu dizendo que estava com vontade de suicidar-se. O terapeuta, com uma frieza e calma nada terapêuticas, disse: "Se você quiser viver, eu, nós podemos ajudá-lo, mas, se quiser morrer, não podemos fazer nada". No dia seguinte, o cliente saltou do quarto andar do hospital.

Em nenhuma hipótese, em casos de extrema urgência, a teoria pode se pospor ao homem. Dar conselhos, nesses casos, pode ser a melhor leitura e compreensão do que se chama fenômeno humano e a mais prática fenomenologia, ciência a serviço do homem. E, se assim não for, isso não terá nenhuma importância, pois as teorias têm que estar a serviço do homem e não contra ele.

Todas as formas de terapia existem sob a modalidade individual e de grupo. A fenomenologia é o método por excelência da Gestalt-terapia. Donde, se a fenomenologia não se prestasse à compreensão do processo grupal e à sua metodologia, ou se estaria entendendo mal a fenomenologia, ou ela, de fato, não serviria para ser a filosofia de base da Gestalt-terapia.

O maestro tem uma pauta e uma batuta. Ele segue a pauta, o ritmo, mas a intensidade de seus movimentos, o ardor de seus gestos, a movimentação de todo o seu corpo, a força de seu olhar condicionam os músicos a entrarem em profunda sintonia com sua energia. A relação figura e fundo é altamente simbólica e atuante nesta relação: quem é figura, quem é fundo? No ato criativo, as relações se misturam. Tal ocorre no grupo terapêutico, e, não obstante certos sons desafinados, muito fortes, muito baixos, quando a orquestra começa, a produção é gratificante, reconfortante, saudável.

O grupo é algo majestoso. A trama das comunicações, os afetos e sensações demandam uma atenção constante do terapeuta, por isso fazemos uma distinção fundamental no que se refere ao processo, à teoria e à arte. A questão é: o que é comum a todos os seres humanos? O que é comum a todos os grupos? E o que é próprio desse grupo? Se se aplica só teoria ao grupo, perde-se a pessoa se se procede só pela espontaneidade, corre-se o risco de não fazer terapia. A resposta não será jamais arte *versus* teoria, mas uma mistura harmoniosa de ambas, onde o terapeuta, dando asas à sua espontaneidade, conduz o grupo centrado no grupo e seus membros a voar alto, sem jamais perder a visão da terra a seus pés. Ele pode e precisa sentir-se confortável no grupo, para que sua criatividade aflore.

Um grupo sentido como incômodo e ameaçador é certamente uma pedra no processo de comunicação entre os membros, entre estes e o terapeuta, e sobretudo um empecilho a um verdadeiro e nutritivo contato. Nesse grupo, provavelmente, teoria e poder andam de mãos dadas, impedindo o fluxo normal da espontaneidade e criatividade. Terapeuta criativo não é aquele que, como o escultor, faz surgir de dentro do mármore a divina Vênus, e sim aquele que, abandonando-se à própria imaginação e fantasia, contempla o mundo fora dele sem apriorismos e celebra o nascer do novo ser a partir de sua própria escolha e risco. Sua mais pura arte é a contemplação da capacidade do ser de surgir de si mesmo em formas novas e diversas, sob seu olhar nutritivo e de contato. Sua função é simplesmente presidir à escolha que cada um e o grupo, segundo sua própria criação, descobrem e incorporam.

4. Aspectos práticos da condução do grupo

4.1 O co-terapeuta

A co-terapia tem sido longamente discutida. Os grupos comuns, sete, oito pessoas, normalmente não necessitam de co-terapeuta. Aqueles, porém, de longa duração e com grande número de pessoas (acima de doze), precisam de um co-terapeuta, ou seria aconselhável a sua presença.

É fundamental ter-se uma noção clara da função do co-terapeuta. Ele é antes de tudo uma pessoa que ocupa um lugar seu dentro da técnica e do processo do grupo. Apesar de serem dois, a co-terapia supõe a idéia de singular, os dois funcionando complementarmente, onde um não é e não pode ser visto pelo grupo como menos, como aprendiz, a não ser que se trate de uma pessoa em treinamento e que o grupo saiba de sua situação de treinando.

É natural que ambos tenham estilos diferentes, porém, não visões diferentes. Entre eles é importante que haja uma grande homogeneidade de pontos de vista, que se sintam confortáveis um com o outro, que se conheçam profundamente e que não haja jogo de poder na condução do grupo. Os dois se apresentam como uma coisa só, um co-terapeuta do outro, sem distinção. Os dois são terapeutas do grupo. Tecnicamente, funcionarão como figura e fundo um do outro, numa relação dinâmica e integrada, de tal modo que da ação terapêutica surja sempre um crescimento para a unidade de percepção e solução de problemas. Duas pessoas atentas ao fenômeno grupal se completam, vendo a situação de uma maneira mais ampla e integrada, resultado da própria experiência diversa e pessoal de cada um.

Mantendo a própria liberdade de intervenção, numa ação integrada e complementar, a ação da co-terapia funciona como um modelo onde a singularidade é mantida, o poder, dividido e a verdade do outro sempre respeitada. Uma co-terapia bem-sucedida é uma graça para o grupo, que se enriquece pela sensação de harmonia, integração e respeito de um para com o outro e para com o movimento do grupo.

Prefiro que a dupla em co-terapia seja um homem e uma mulher, um casal de terapeutas. Acredito que o grupo ganha muito não apenas pela simbologia do casal, como pela identificação sexual ou não, pela relação familiar, pai e mãe, pelo sentido de se sentir completo como sistema terapêutico, bem como o fato de serem mulher e homem facilita percepções diferentes, posturas diferentes, relações e até culturas diferentes.

4.2 Início do grupo

A primeira reunião de um grupo foi, certamente, precedida por contatos pessoais com seus membros, seja através de entrevistas, seja por transferência da terapia individual para a de grupo. O problema da indicação para psicoterapia de grupo, considerando a natureza do grupo e a problemática do indivíduo, é fundamental. Em se tratando de grupos semanais, o terapeuta não deveria encontrar o cliente pela primeira vez no grupo. Um encontro prévio com o terapeuta dá sensação de segurança ao cliente, sentimento este fundamental para se iniciar um grupo.

É sempre um momento emocionante o primeiro encontro. Fantasias, medos, insegurança, incerteza, sensação de ser inadequado e doente perpassam quase que necessariamente a mente dos membros do grupo. Olhares fugazes, contatos rápidos e superficiais, risos nervosos, falas compulsivas e brincadeiras são comuns nos primeiros momentos.

O terapeuta precisa de toda a sua sensibilidade, competência e presença no primeiro momento. Os primeiros momentos são decisivos para a vida do grupo. Será preciso muita paciência para que o grupo possa acontecer a seu modo, permitindo ao terapeuta colher, o mais breve possível, algumas linhas mestras da conduta do grupo.

Muitos terapeutas têm uma fala inicial, onde procuram, em linhas gerais, falar sobre a natureza da psicoterapia, das relações que se estabelecem, do sigilo, dos medos comuns aos primeiros momentos do grupo, da conveniência de não manterem contatos fora do grupo, da duração da terapia, da espontaneidade de se colocarem quando ou sempre que sintam necessidade, da importância da freqüência e da pontualidade às sessões, da possibilidade de se fazer uma terapia conjugada, quando alguém estiver numa emergência, da relação terapêutica entre clientes e terapeuta, e outras informações práticas que lhes pareçam necessárias.

Muitas vezes, dada a própria ansiedade do grupo, este presta pouca atenção a uma fala inicial de contato. É importante, entretanto, que ela ocorra, pois dá uma certa diretividade necessária, quando pessoas diferentes se encontram pela primeira vez, antes de encetarem o que podemos chamar de uma viagem ao desconhecido.

Para sessões subseqüentes, podemos apresentar cinco modelos:

1 O grupo está falando livremente de temas variados, "enquanto a sessão não começa".

Neste caso, o terapeuta pode ficar em silêncio, sem interferir. Ocorre, nesses casos, uma espécie de associação livre, até que o grupo, por si mesmo, descubra um tema de interesse geral ou alguém interrompa a fala colocando um tema de seu particular interesse.

2 O terapeuta interrompe a fala em curso e propõe o início da sessão.

Neste caso, é provável que o terapeuta tenha alguma hipótese para interromper a fala do grupo, como, por exemplo, imagina que pode estar ocorrendo alguma resistência ou que, provavelmente, o grupo poderá necessitar de mais tempo para tratar de algum tema já aflorado, ou simplesmente ele quer começar o grupo e começa.

3 O terapeuta inicia propondo que o grupo retorne à sessão passada para completar, esclarecer, aprofundar algo que ficou inacabado.

É comum que, quando se encerra a sessão, algumas pessoas não tenham podido dizer o que sentiam, que a pessoa que foi figura todo o grupo se sinta inacabada, que alguém quisesse dar algum *feedback*, etc. Esse modelo tem a vantagem de não deixar perder coisas importantes, às quais o grupo provavelmente não retornará, ou só o fará desconectado com o momento mais significativo.

4 O terapeuta propõe algum experimento como forma de aquecimento ou porque deseja lidar com um determinado tema, por exemplo, com a consciência corporal do grupo.

Este modelo ocorre com mais freqüência em *workshops*. É importante lembrar que essas propostas devem ficar muito claras para o grupo quanto ao seu objetivo e vantagens. Nunca se pode propor algo em que o grupo entre sem saber, por que e para quê. O respeito pela vontade das pessoas é condição fundamental para que estas se engajem conscientemente na proposta. Propor é completamente diferente de impor. O processo terapêutico tem que ser espontâneo para que o ato criativo e o *insight* possam ocorrer.

5 O terapeuta propõe que a sessão seja toda dedicada ao aprofundamento de um determinado tema; é o que chamamos de grupo ou sessão temática.

Existem temas importantíssimos sobre os quais o grupo quase nunca reflete de uma maneira formal, precisa, por exemplo: a morte, o risco de viver, Deus, sexualidade, inveja, amor, etc.

Ninguém melhor que o grupo, na sua riqueza, na sua multiplicidade de experiências, para conduzir tais temas existenciais. É desnecessário dizer que tais temas jamais podem ser impostos. Acredito mesmo que nasçam ou talvez devessem nascer das próprias necessidades inconscientes do grupo e do terapeuta. Esses temas podem nascer também de propostas do próprio grupo. Não só as sessões semanais podem ser temáticas, mas experiências de *workshops* temáticos de fins de semana têm resultado de grande valor de ajuda, de esclarecimento, e em certos casos, creio ser importante que o terapeuta seja um conhecedor do tema a ser tratado, dado que, nesses casos, a teoria e a experiência se sucedem continuamente. Esses grupos costumam viver um grande conteúdo de experiências emocionais recalcadas ou que têm passado despercebidas e o terapeuta deve se encontrar em boas condições intelectuais e emocionais para que eles sejam bem-sucedidos.

4.3 O workshop

Não se pode falar em grupo de terapia, sem se falar nos *workshops* de fim de semana. Essa prática se acha espalhada por todo o mundo e é muito usada com resultados significativos tanto em treinamento quanto em psicoterapia.

A duração dos *workshops* é muito variada. Tradicionalmente, os chamados *workshops* de fim de semana têm uma duração média de dezesseis horas, sendo quatro ou duas na sexta-feira, oito horas no sábado e quatro horas no domingo.

É usado em muitas maneiras: 1. Para demonstração de uma determinada metodologia em psicoterapia. Esses grupos ocorrem, geralmente, apenas uma vez. Suprem mais a curiosidade dos participantes. Podem apresentar desvantagens e perigos acentuados. 2. Como parte inicial de um treinamento para psicoterapeutas ou de um grupo normal de terapia que se inicia. Em ambos os casos, é muito vantajoso e útil. Facilita o conhecimento, aprofunda mais a relação, cria maior sensação de segurança e intimidade, predispõe os membros do grupo para um trabalho mais fácil a partir desse instante. 3. Como terapia de avaliação. Muitas vezes, o grupo não anda, emperra, é resistente. Nesse caso, um *workshop* pode ser de grande utilidade por causa da sensação de continuidade e tempo de que os clientes dispõem. 4. Como forma normal de terapia. Normalmente a terapia acontece uma ou duas vezes por semana. No caso de *workshop*, trata-se de pessoas que se propõem um trabalho terapêutico aprofundado e que se propõem encontrar-se mensalmente ao longo de alguns meses. É bom lembrar que dezesseis horas de intensa terapia equivalem a dois meses de sessões semanais. 5. *Workshops* mais longos de treinamento, com duração de uma semana a dez dias, ocorrem também com certa freqüência. Apesar de a tônica central ser sobre a teoria e técnica, esse tipo de treinamento produz freqüentemente efeitos profundos de terapia. Não há como desvincular, de fato, a teoria da prática, pois uma boa e sólida teoria é, por natureza, transformadora. Nos longos *workshops* de treinamento, as pessoas precisam ser cuidadosas, dormindo bem, e alimentando-se bem, tendo momentos de lazer como nadar, caminhar e outros pequenos esportes, pois a intensidade normal da experiência teórico-prática poderá, casualmente, produzir insônia, problemas digestivos e gastrintestinais, ansiedade, dor de cabeça, cansaço. Caso ocorra necessidade de momentos terapêuticos, é importante que o treinador ou membros do grupo, ainda durante o treinamento ou após ele, possam estar disponíveis para pessoas que deixaram o *workshop* mexidas e inacabadas.

Os grupos de fins de semana permitem fluir melhor as emoções e sentimentos, o que ajuda na avaliação e retomada do processo grupal. Alguns desses grupos são chamados residenciais, ou seja, ocorrem em uma granja, numa fazenda, onde o silêncio, o isolamento, o contato com a natureza facilitam sobremaneira o fluir do processo terapêutico.

Poder-se-ia pensar que a distância entre os grupos poderia diminuir a eficácia do tratamento, mas a experiência tem provado que essa mesma intensidade de emoções e de conteúdos tratados se dilui ao longo do tempo, produzindo uma sensação de leveza e de espera que são muito positivos. Diga-se de passagem que esse tipo de grupo se presta sobremaneira para o trabalho de pesquisa clínica.

4.4 Os experimentos

Antes de tudo, é interessante lembrar que na literatura em inglês a palavra *experimento* vem livremente usada por técnicas e experimentação (*Techniques, experiment, experimentation*), significando a mesma coisa ou momentos idênticos.

O uso de técnicas ocorre ou pode ocorrer com freqüência nos grupos, dada a multiplicidade de vozes ali existentes, dada a complexidade do vivido, do experimentado e dada a riqueza de expressão e metáforas que o grupo usa. Como diz Zinker, seu uso só é limitado pela criatividade do terapeuta, pela necessidade do cliente e, acredito, pela ética da situação.

Se, de um lado, tudo é técnica, como falar e não falar, de outro, o grupo pode usá-la de maneira mais rica, facilitando a experiência imediata do cliente com suas necessidades vividas. Técnicas como cadeira vazia, cadeira quente, fantasia dirigida, sonho grupal, trabalhos envolvendo expressão corporal — respiração, ritmo, etc., podem ser extremamente ricas e úteis, quando devidamente usadas. Não carece falar mais sobre experimentos, dado que isso será tratado alhures.

Uso de experimentos ou técnicas específicas é freqüentemente uma questão de *feeling*, onde o ato criativo ocupa lugar decisivo na produção do conteúdo desejado. As técnicas são uma riqueza em si, saber usá-las é uma questão de metodologia sem dúvida, mas também uma questão de saber ir às coisas mesmas utilizando o que a necessidade imediata do sujeito pede.

5. Alguns detalhes na condução do grupo

5.1 O lugar

O lugar da terapia, o *setting*, é importante como local de energia. O lugar é, por si só, uma sala, uma matriz de energia, que é imediatamente captada pela pessoa. A sala deve produzir uma sensação de segurança, privacidade, aconchego, um lugar de encontro.

A ornamentação deve ser sóbria, adequada. Tudo ali pode tornarse objeto transferencial, enquanto retrata os gostos e tendências do terapeuta. Do meu ponto de vista, a sala não deve conter nada chocante ou produtor de atritos de pontos de vista da cultura, da moral, da religião. Nada impede que o terapeuta tenha em sua sala símbolos, por exemplo, um crucifixo. São símbolos pertencentes à cultura da qual, de um modo geral, ele participa.

A sala não deve ser nem grande, nem pequena demais. A distribuição física das pessoas na sala é altamente simbólica. Há aqueles que ocupam sempre os mesmos lugares e se sentem incomodados, quando alguém ocupa o "seu" lugar. Mais cedo ou mais tarde, isso será objeto da fala grupal. O próprio terapeuta pode, às vezes, mudar os móveis, cadeiras ou almofadas, o que facilita o rodízio de lugares.

A sala deve ser espaçosa o suficiente para conter de oito a doze pessoas, número normal de um grupo terapêutico. No que diz respeito às cadeiras ou almofadas, a sala deve tê-los em abundância para facilitar a natural opção do cliente.

Alguns terapeutas, por razões várias como comodidade, economia, fazem o consultório na sua residência. O fato em si não parece merecer reparos, desde que em nada a vida terapêutica do *setting* entre em contato com a vida familiar do terapeuta.

5.2 Duração da sessão

A sessão terapêutica deve durar de noventa a 120 minutos. Isso dependerá do tamanho do grupo. Pessoalmente, prefiro o grupo de duas horas, uma vez por semana, com oito pessoas.

A sessão tem horário fixo para começar. O terapeuta deve ser pontual, ainda que os membros do grupo se atrasem. Deve ter horário para terminar, embora aqui e, esporadicamente, se admitam exceções, ligadas, sobretudo, à intensidade de um trabalho grupal ainda em curso e que técnica, ética e pessoalmente pareça conveniente não ser interrompido. De outro lado, é importante estar atento à manipulação do grupo, que, percebendo a flexibilidade do terapeuta para aceitar o prolongamento da sessão, termina por produzir material mais para o fim da sessão, quando, muitas vezes, passou longos momentos em silêncio, ou o grupo se atrasa para começar a terapia e depois força ou prolonga a sessão, exatamente para compensar o tempo perdido.

5.3 Composição do grupo

O grupo deve ser misto, a não ser que haja razões específicas para se montar um grupo só de homens ou só de mulheres. Tecnicamente, nada impede o grupo de um único sexo, tornando-o mais complexo quando o terapeuta é do sexo oposto. Razões como grupo de aidéticos, mulheres mastectomizadas, grupos para trabalhar religiosidade, sexualidade ou um determinado tipo de fobia podem apresentar vantagens de ser de um só sexo. A prática tem mostrado enormes ganhos, pois torna-se mais fácil falar do tema com pessoas com a mesma problemática e, às vezes, do mesmo sexo, porém, sem nenhuma rigidez.

No quotidiano, porém, o grupo misto parece ser o mais saudável e, se possível, com um número igual de homens e mulheres. Tanto quanto possível, evitar um número desproporcional com relação ao outro, por exemplo seis mulheres e dois homens, ou vice-versa. A situação pode ficar extremamente pesada, prejudicando o processo terapêutico das pessoas em menor número, que tendem, nesses casos, a se comportar como representantes do seu próprio sexo.

A idade média do grupo também não pode passar despercebida do terapeuta. Alguns autores falam de quinze anos como intervalo ideal. Aqui, deve-se evitar a rigidez, pois, às vezes, uma pessoa muito mais idosa ou nova com relação à média de idade do grupo pode ajudar a repensar melhor as crises de gerações tão comuns como tema de grupos.

5.4 Tipos de grupo

Podemos falar de três modalidades de grupo:

1. GRUPO ABERTO

É aquele em que os membros do grupo entram e saem com facilidade. Não existe um compromisso rígido de freqüência e de permanência. As pessoas desses grupos já sabem e aceitam o seu funcionamento dessa maneira. Esses grupos freqüentemente não assumem uma forma consistente de terapia, porque a ausência de vínculos estáveis cria uma natural falta de segurança nos indivíduos e a sensação de possíveis quebras de sigilo é real. Estes grupos funcionam freqüentemente como grupos de espera, de reflexão, onde um efeito terapêutico secundário pode acontecer e a prática mostra que acontece, pois basta que as pessoas se reúnam com sinceridade para que o encontro se torne viável.

2. GRUPO SEMI-ABERTO

Esses grupos são os mais comuns. As pessoas entram para ficar, para fazer seu tratamento, sabem da regra da pontualidade, da freqüência, do sigilo, mas, de quando em quando, alguém abandona o grupo, tem alta, etc. Quando tudo ocorre normalmente, a freqüência média da vida de clientes em grupo é cerca de um ano e meio. Passado esse tempo, existe uma tendência a abandonar o grupo, porque as pessoas sentem que seu processo já aconteceu. Naturalmente, existem exceções.

A entrada do novo membro no grupo deve ser bem pensada. A família já está constituída, alguns membros já são adultos, outros continuam crianças. A matriz grupal já está formada e funciona consistentemente. Tanto a saída de um membro como a entrada do novo, devem ser motivo de séria discussão pelo grupo, pois a cultura grupal mudará certamente, uma vez que o sistema foi modificado. São freqüentes as crises nos grupos ligadas seja à saída, seja à entrada de um novo membro. O acolhimento caloroso e amigo do novo membro por parte do terapeuta, é fundamental para que o mesmo ocorra com o novo membro, que se sentirá, freqüentemente, como um intruso, um estranho no ninho. Uma sensação de abandono costuma tornar a chegada do novo membro ainda mais pesada. Sente-se perdido, por não conhecer a história prévia do grupo. A presença, o calor, a abertura do terapeuta serão decisivos no processo de boas-vindas do novo membro.

3. GRUPO FECHADO

O grupo fechado é aquele em que as pessoas começam todas no mesmo dia e terminam na mesma época. O contrato do grupo é explícito, ninguém sai, ninguém entra. É o contrato de duração formal: um ano, dois anos, etc. Teoricamente ninguém deveria sair durante este tempo. Alguém que prevê que não poderá cumprir o contrato não poderá fazer parte do grupo. As exceções acontecerão infalivelmente, pois basta estar vivo para que elas aconteçam, mas as condições devem ser cumpridas o mais fielmente possível.

O objetivo desse grupo é uma terapia mais profunda e engajada possível, num período mais breve de tempo. Esse tipo de contrato permite ao membro do grupo sentir-se mais seguro, mais motivado, mais dentro, pois ele sabe que conta com todo o grupo o tempo todo como contato e suporte permanentes. O terapeuta se sente mais livre para atuar, para intervir, pois conta com o grupo como um todo, como um sistema em equilíbrio permanente, não obstante os movimentos internos ligados aos processos de cada participante. Nesse tipo de grupo, processos de cura como aceitação, permissão para falar, motivação e coesão grupal formam um pano de fundo que permite ao grupo fluir mais espontânea e criativamente.

No grupo semi-aberto, como em qualquer grupo, existem sempre as alianças, os pares que se apóiam, que se procuram mutuamente, a tal ponto que, às vezes, alguém deixa de falar, de fazer um determinado trabalho, porque alguém específico não se encontra no grupo. Nesse caso, poderíamos dizer que o grupo é fundo, com relação aos seus membros e que os membros, na sua relação um com o outro, são figuras. Neste sentido, é sempre bom que, quando alguém começa a fazer um trabalho, dirigindo-se ao grupo todo, o terapeuta lhe pergunte se poderia escolher alguém no grupo para que pudesse "contar" o seu problema. Isto é uma forma de dar suporte, criar um contato mais direto e de colocar a pessoa em contato com seu mundo interior de emoções. Às vezes, a pessoa pode preferir continuar falando ao grupo, o que lhe dará uma sensação de ser escutada por todos, de ser acolhida por todos e de que todos se tornam responsáveis pela sua fala, sentimentos e possíveis soluções do problema.

No grupo fechado, esta última sensação é a mais comum. Diferentemente dos grupos semi-abertos, no grupo fechado, o grupo é sentido como figura, como presença mais marcante que os indivíduos que o compõem. O cliente sente que o grupo todo está envolvido com ele e ele se sente envolvido pelo grupo, o que lhe dá uma sensação de segurança, tranqüilidade e bem-estar.

5.5 O pagamento

O pagamento é, antes de tudo, algo real e, do meu ponto de vista, nada simbólico. Trabalho supõe pagamento. O terapeuta precisa comprar livros, ler revistas especializadas, pagar impostos e toda uma série de coisas que todo cidadão precisa pagar. Ele emprega o seu tempo a serviço das pessoas, nada mais natural que seja pago por isso.

O ato de cobrar faz parte de um conjunto de ações que formam o processo terapêutico do qual a relação terapêutica é o cerne. O terapeuta não pode esquecer que o dinheiro é um dos componentes do processo como um todo e, nesse caso, deve estar atento ao ato de pagar do seu cliente e à relação que esse ato tem com a vida dele como um todo.

Diferentemente de outros profissionais liberais que trabalham através de prestação de serviços esporádicos (médicos, por exemplo), o psicoterapeuta tem uma relação de trabalho pelo menos semanal, tornando-se assim um assalariado. Poderá, portanto, no seu contrato de trabalho, incluir o pagamento de suas férias, na razão de um doze avos por mês de atendimento para clientes que estiverem em terapia no momento de suas férias. Quando não pagam ao terapeuta o mês previsto de férias, rompe-se o vínculo de trabalho e se cria uma situação inadequada de desproteção da função terapêutica, que a relação terapêutica deverá necessariamente incluir.

O código de ética é muito pertinente quando lembra que o pagamento deve ser adequado e de tal modo que dignifique a profissão. O cliente é um ser de relação, uma pessoa no mundo e tudo nele e dele deve ser objeto do olhar observador e carinhoso do terapeuta.

O contrato de pagamento deve ser claro e feito diretamente com o terapeuta, de tal modo que ele possa avaliar o seu preço, a necessidade do cliente e a relação que esses dois elementos terão na relação maior, a terapêutica.

5.6 A indicação

A indicação para psicoterapia de grupo obedece a critérios diversos. Existem terapeutas que fazem questão de uma rigorosa seleção e aqueles que acreditam que, de um modo geral, as pessoas estão indicadas para grupos, dado que o ser humano é naturalmente grupal. Todos, porém, concordam que não se deve colocar psicóticos ou pessoas com grave desordem de personalidade em grupo de pessoas com problemas existenciais ou neuróticos com boa preservação do eu. De outro lado, existem algumas normas que nos podem orientar numa melhor seleção:

1. A pessoa deve ter experimentado um mínimo de satisfação afetivo-emocional, durante um certo período, na infância. 2. Ter uma certa capacidade de cooperação, empenho e intercâmbio. 3. Ter bom contato com a realidade. 4. Possuir um mínimo de distúrbios sexuais. 5. Possuir uma personalidade relativamente estável, com capacidade de conquistar um conhecimento mais profundo de si mesmo. 6. Possuir uma capacidade de mostrar e receber contatos afetivo-emocionais. 7. Possuir uma fundamental consciência do próprio eu e um super-eu um tanto desenvolvido. 8. Possuir uma inteligência acima da média, para poder seguir a complexidade dos processos em curso. 9. Ter flexibilidade para aumentar e diminuir tensões. 10. Gostar de se relacionar de uma maneira nutritiva.

São também indicados pacientes que vivem — de maneira inflexível — papéis sociais, aqueles que não aceitam nenhum tipo de dependência e aqueles que vivem situações contratransferenciais negativas por causa de seu modo belicoso de viver. De outro lado, é importante observar o nível de ansiedade com que a pessoa enfrenta situações novas, sua capacidade de identificação e empatia com os outros, sua força do eu e se consegue entrelaçar seu sistema de defesa ao de seus colegas de grupo.[1]

6. Conclusão

A condução do grupo envolve dois elementos básicos: teoria e técnica. Ambos necessários e complementares. Aqui não basta só intuição. Conduzir um grupo supõe um *background* teórico a respeito dos processos de comunicação grupal, dos mecanismos de cura, dos fenômenos grupais do ponto de vista da psicologia social, para que a criação ocorra de modo convergente, pois dirigir um grupo não é um ato pessoal de criação, mas um ato coletivo de criação, o grupo é uma criação de muitos.

O grupo vive, às vezes, momentos de muita complexidade, como, por exemplo, o silêncio, perguntas e respostas, processos decisórios de urgência, inclusão ou exclusão de um membro, relações extragrupais, etc., cuja condução ou soluções são complexas.

É importante lembrar que, muitas vezes, só a prática e muito estudo vão criando aquela praticidade que a experiência produz e que permite ao terapeuta ser e se sentir um autêntico facilitador.

A grande meta é a segurança psicoemocional dos membros do grupo. Enquanto eles não se sentirem seguros, a terapia não ocorrerá.

Referência Bibliográfica

1. Conf. Kadis, 1976, pp. 69-71

CAPÍTULO VI

EXPERIMENTOS GRUPAIS

"Os trabalhos de sonho, fantasias e metáfora são estimulantes, válidas ferramentas para sondar as profundidades da personalidade e alargar as fronteiras do self"[1].

Instituto de Gestalt de Cleveland

Introdução

Este pensamento encerra os quatro elementos básicos ou as quatro razões básicas pelas quais acredito ter escrito este capítulo, isto é: os experimentos são ferramentas válidas, ajudam a sondar as profundidades da personalidade, promovem um alargamento das fronteiras do *self* e são estimulantes.

Os experimentos tiveram uma história conturbada no desenvolvimento da Gestalt-terapia, tendo culminado em um quase completo abandono, por serem considerados como instrumentos de poder e possíveis violentadores da individualidade das pessoas.

Essas posições, porém, nunca foram unânimes. Nos Estados Unidos, existem gestalt-terapeutas que jamais abandonaram o modelo Fritz Perls no uso dos experimentos e existem aqueles que praticam a Gestalt-terapia como uma terapia pela fala, muito próxima do modelo psicanalítico.

Essa é uma questão metodológica da Gestalt-terapia na procura de sua legitimidade de ir às coisas mesmas pelo experimento, pela fala ou por ambos. A grande questão que permeia essas posições passa pela compreensão do que é contato, do que é *awareness*, resistência e de como ser fenomenológico em ambas as posições.

Em meio a toda essa questão, existem ainda aqueles que, compreendendo mal a fenomenologia, pensam que não é possível usar técnicas, experimentos ou experimentação e fazer fenomenologia. Uma coisa não exclui a outra, porque a questão não está em que tipo de experimento usar, mas como usá-lo. Toda e qualquer atitude terapêutica implica uma técnica, um experimento.

Essa crise está sendo superada por uma questão teórica sabida, mas pouco estudada. A Gestalt-terapia tem como teorias básicas: a Teoria do Campo, a Teoria Holística e a Fenomenologia. O abandono de uma delas implica não estar fazendo Gestalt-terapia e o uso apropriado de uma delas implica estar fazendo Gestalt-terapia, pois as três teorias são como figura e fundo uma para a outra, constituindo um todo inseparável.

Por outro lado, o experimento volta a ser olhado não como um instrumento de usurpação, de poder, mas simplesmente como experimento, e isso faz a diferença.

É nesse espírito que este capítulo está escrito. Qualquer pessoa que use essas técnicas terá que saber usá-las dentro dessa tríplice abordagem, do contrário poderá estar fazendo excelente terapia, mas não estará fazendo Gestalt-terapia.

Algumas técnicas aqui apresentadas foram, na história da Gestalt-terapia, instrumentos de terapia individual e, talvez pela primeira vez, estão sendo utilizadas, em bloco, dentro do processo grupal. É no espírito de que Gestalt-terapia é essencialmente permissão para criar, para extrair o novo do velho, permissão para pensar mais amplo que eu mesmo, que essas técnicas grupais foram pensadas, facilitando esse encontro com a dimensão maior de cada um tão clara no processo grupal, ajudando a sondar mais profundamente dentro de cada um, ampliando a fronteira da própria individualidade.

1. Grupos temáticos *(Thematic session)*

Grupos temáticos ou sessões temáticas são aqueles em que um número reduzido de pessoas (oito-quinze) se reúnem para conviver com um tema, por duas ou mais horas ou por um fim de semana (*workshop*), sob três aspectos fundamentais: experimental, experiencial e existencial. Isso significa que as pessoas estarão vivendo uma experiência que, além de intelectual, tem um forte aspecto afetivo-emocional. Como essa experiência é vivida em grupo, as pessoas convivem com seus três níveis básicos: intrapsíquico, interpsíquico e transpsíquico.

Pode-se esperar que uma experiência será forte quando valores e tabus são discutidos ampla, plena e abertamente. Trata-se de uma aprendizagem nova, de uma ampliação do horizonte existencial de cada um, em grupo.

Embora o grupo temático não vise diretamente criar um processo terapêutico, momentos de terapia ocorrerão, pois sempre que pessoas procuram a verdade, com o coração simples e aberto, ocorre, concomitantemente, um processo emocional, que as leva a entrarem consciente ou inconscientemente em contato com seu mundo interior de conflitos, vivências negadas e esperanças.

Não é necessário que seus participantes estejam em terapia, mas, quando estão, as vantagens são imensas, dado que gestalts inacabadas poderão ser cuidadas no próprio processo terapêutico.

Os temas podem surgir de sessões anteriores, já presentes na matriz grupal, no caso de um grupo em andamento, os quais são fontes permanentes de ansiedade, de segredos, de coisas inacabadas; podem surgir da ampliação de um tema presente no andamento atual do grupo, ou podem surgir como uma proposta isolada de reflexão entre pessoas em terapia ou não e que desejem ampliar sua compreensão de uma determinada realidade.

Neste último caso, em grupo com pessoas que não estão em terapia, não acostumadas às suas regras do sigilo ou ao respeito pela individualidade do outro, etc., o terapeuta deverá estar muito atento e consciente ao processo individual de cada pessoa para evitar que possam ocorrer atitudes de violência intelectual, afetiva, emocional. É sabido que, nessas circunstâncias, existe um afrouxamento das defesas do eu e as pessoas ficam sujeitas aos jogos inconscientes do grupo e do próprio terapeuta.

Os temas podem ser os mais variados: morte e vida, inveja, Deus, sexualidade, etc. Supõe-se e se espera que as pessoas possam conviver com esses temas da maneira mais aberta possível, em contraposição a toda uma postura cultural, onde certos temas são proibidos.

O EXPERIMENTO:

Tema: *Sexualidade* — prazer e liberdade ou risco e responsabilidade.

Os passos:

1. Definir os termos.

O grupo discute o sentido de cada palavra-chave, para que se evitem equívocos e ambigüidades desnecessárias. Só esse fato pode ser já bastante rico de experiências.

2. Verificação do campo de valores que envolvem o tema.

O grupo procura descobrir e discutir que tipos de valores estão presentes no tema. Os valores, as restrições, os tabus surgem mais facilmente, quando são pensados em relação a pessoas significativas, como mãe, pai, filhos, terapeuta.

3. Colocar-se em situação concreta.

Cada um procura se ver no tema: eu e o outro, eu no lugar do outro.

4. Envolver-se experimental, experiencial e existencialmente com o tema: corpo, mente e alma.

Trata-se de sair da fantasia, do falar sobre, para conviver totalmente com o objeto em questão, colocando-se dentro do próprio tema. Quando o grupo polariza, o terapeuta poderá propor a formação de grupos ou subgrupos com pessoas pró, contra ou indiferentes. Tal atitude alivia a tensão e ansiedade e permite ao grupo aprofundar o tema, pois é mais fácil falar daquilo que eu penso que me pertence.

5. Escolha do tema comum.

Após horas ou momentos de discussão, apesar da proposta inicial, o terapeuta terá condições de detectar o tema mais presente. Por exemplo: o tema proposto foi sexualidade, mas, com a discussão, verificou-se que o tema suscitou uma relação profunda entre sexualidade e abandono. Nesse caso, o terapeuta propõe ao grupo que passe a discutir o novo tema: sexualidade e abandono. Fenomenologicamente, saímos da coisa em si para o em si da coisa. Quase sempre e em qualquer discussão temática, o terapeuta deve estar atento a essa dinamicidade própria ao conceito figura e fundo, vendo o que é figura e o que é fundo nessa discussão, aqui e agora.

6. Avaliação do processo.

Antes do término da discussão, o terapeuta deverá verificar o que aconteceu com cada pessoa e, em particular, que tipo de experiência ocorreu, como cada um viveu a situação, que tipo de aprendizado ocorreu, e como cada um se encontra, aqui e agora, para deixar a discussão e retornar ao mundo do antes.

7. Fala final do terapeuta.

Essa fala pode ser extremamente importante e significativa. O terapeuta esteve atento a todo um processo de mudança. Deve cuidar para que as pessoas se sintam confortáveis ao deixarem o grupo e voltarem aos seus afazeres. Ajuda muito recordar o caminho percorrido pelo grupo, lembrar momentos significativos da fala do grupo, ressaltar fatos, exemplos que solidifiquem o ainda tênue aprendizado que todos acabaram de viver. Poderá ser importante dizer que ele continua por ali, atento e amigo, a todas as pessoas que possam vir a precisar de sua ajuda.

2. Cadeira vazia *(Empty Chair)*

A cadeira vazia é uma técnica na qual se propõe à pessoa que está falando *sobre* alguém ou *sobre* um fato ou idéia deixar de falar na terceira pessoa e falar diretamente à coisa em questão. Propõe uma passagem do discurso indireto ao direto. Propõe sair da fantasia do medo, do oculto, do desencontro para o encontro.

Chama-se *cadeira vazia* porque o terapeuta propõe à pessoa que imagine uma cadeira vazia ou uma almofada na qual ele vai colocar a pessoa ou a idéia com quem deseja falar diretamente.

É muito comum que as pessoas falem sobre outras na terceira pessoa, por exemplo: "O meu pai é uma pessoa fantástica. Um homem lindo. Adoro ele".

O terapeuta sugere que a pessoa imagine o pai ali, aqui e agora, diante dela e repita ou diga diretamente para ele: "Você, meu pai, é uma pessoa fantástica. Você é lindo. Eu adoro você".

É fácil imaginar quanto de energia a mesma frase ganha quando se deixa de falar *sobre* para uma experiência imediata. O presente sempre resgata a emoção, obriga a sair do subterfúgio, permite à outra pessoa responder, provoca a sensação da escuta do outro e dentro de mim posso sentir a resposta.

A base de todas essas técnicas é a utilização do mecanismo de identificação projetiva e introjetiva, pois qualquer coisa que eu diga ou que eu sinta como resposta silenciosa ao outro será sempre uma produção minha. Trata-se de um processo onde, por aproximações sucessivas, tende-se a chegar à essência mesma da coisa, por se tratar de uma produção subjetiva baseada na atitude possível ou provável do objeto fora do sujeito. A pessoa empresta à pessoa na cadeira vazia sua razão e suas emoções e tudo se transforma numa coisa só, sujeito e objeto, dentro e fora. Não obstante a ansiedade que esse trabalho possa produzir, existe uma diminuição das censuras do eu, o que nos leva a supor que o diálogo entre as partes se aproxima da sensação verdadeira que domina aquele campo, naquele momento.

É uma técnica difícil. Algumas pessoas acham loucura falar com uma cadeira vazia, outras simplesmente não conseguem imaginar nada, outras conseguem visualizar seu próprio pensamento ou imagem, mas não conseguem fazer daquele momento um momento único entre duas pessoas. É importante que a pessoa consiga entrar em contato com a outra imaginando-lhe o jeito, a roupa, o sorriso, o olhar e, sobretudo, os sentimentos. Essa sensação de presentificação é importante para que a qualidade do contato, do encontro cresça.

Esse processo se torna mais complexo quando todo o grupo se envolve. Digamos que as projeções e introjeções têm muito a ver com o suceder-se do processo figura-fundo, que, como nos processos transferenciais, são também formas de resistência ao trabalho pessoal e do grupo. A facilidade com que o grupo lida com sua fantasia reflete a soltura com que lida com seus introjectos.

No trabalho com cadeira vazia grupal, temos alguns passos:

1. Escolha do objeto transferencial.

O grupo pode lidar com uma *idéia*: colocar o *medo* do grupo na cadeira vazia.

O grupo pode lidar com uma *pessoa*: colocar o *pai* grupal de cada um na cadeira vazia.

O grupo pode colocar um *fato*, um *processo*: colocar o *próprio grupo* na cadeira vazia.

Essa escolha pode ser objeto de uma discussão anterior e, por consenso, o grupo escolhe sua cadeira vazia.

2. Identificação grupal com o objeto escolhido.

Um pouco de silêncio, durante o qual cada um vai construir seu objeto dentro de si mesmo.

3. Diálogo individual e direto das pessoas com o objeto transferencial.

Cada um fala livremente com o objeto transferencial. O terapeuta tem papel importante nessa fase, na qual ele pode assumir duas atitudes: 1) a de se identificar com o objeto transferencial do grupo. Ele se coloca na cadeira vazia, qualquer que seja o tema. É importante que ele se sinta bem seguro para assumir esse papel. Uma das condições facilitadoras, nesse momento, é que ele conheça bem a história de vida das pessoas, para que possa se colocar no contexto. 2) Solicita à(s) pessoa(s) em questão que desempenhe os dois papéis, ela fala e ela mesma responde. O terapeuta coloca as coisas mais ou menos nestes termos: "Você está falando ao seu pai do seu amor por ele, amor que ele parecia não reconhecer. Se seu pai fosse responder para você, o que ele diria?" Existem outras possibilidades nesse diálogo que a criatividade do terapeuta deverá descobrir.

4. Diálogo das pessoas entre si e com o objeto transferencial.

Pode ser importante nesse momento perceber e sugerir que pessoas que tenham posições idênticas ou polares tentem aprofundar em conjunto seu próprio processo.

5. Identificação de temas centrais e sua conseqüente discussão pelo grupo.

6. Verificação do aprendizado.

Em que sentido o experimento auxiliou uma amplificação do horizonte da consciência e em que sentido tal processo se tornou um ato terapêutico.

7. Fala final.

É sempre bom que esse tipo de experimento se conclua construtivamente. A fala final contém e expressa elementos chaves, como emoções e necessidades vividas pelo grupo. O terapeuta tenta dar compreensibilidade ao processo vivido, de tal modo que ao vazio da cadeira se suceda algo de plenitude e de acabado.

3. Fantasia dirigida *(Guided phantasy)*

Utilização de uma metáfora usada por algum membro do grupo e que passa a ser vivida pelo grupo como um todo, a nível de realidade. A proposta é sair da fantasia e conviver essencialmente com a emoção presente na fantasia.

Com freqüência vivemos fantasias catastróficas, antecipadoras de situações de crise e que se instalam no nosso quotidiano, produzindo um alto nível de ansiedade. Nada melhor que uma fantasia, uma metáfora para sinalizar sensações inconscientes ou até reais de como cada um se percebe existencialmente. "Sinto-me como um barquinho à deriva", "Sinto-me como numa noite de chuva perdido numa floresta densa". Expressões como estas são freqüentes nas sessões de terapia, pois essa sensação de auto-abandono é facilitada pelo suporte dado pelo terapeuta e pelo grupo.

Essas expressões simbólicas revelam a intimidade existencial e experiencial do indivíduo de forma concisa e clara. Elas revelam um alto grau de percepção interior da própria problemática. São formas condensadas de expressar sensações, emoções e uma forma dinâmica de falar do sintoma ou de algo cujo dispêndio de energia pode cortar ou favorecer o contato com a realidade.

Dentro de uma postura de se trabalhar o grupo como uma unidade, tendemos a ver as colocações dos membros do grupo como uma ressonância de um processo mais amplo. Isso nos leva a generalizar qualquer coisa que ocorra no grupo.

Essas metáforas são uma produção do indivíduo. Elas revelam, em primeiro lugar, o seu mundo interior, a percepção de sua realidade, de seu *self*, e o mundo em que ele acontece.

Essas metáforas, no entanto, nascem dentro de um contexto grupal e, de certo modo, pertencem ao grupo, que condivide um espaço vital com a pessoa que a emite. De certo modo e do ponto de vista dinâmico, tudo é uma coisa só. Fica, às vezes, difícil distinguir o que é do sujeito, o que é do grupo e o que é de ambos.

A *fantasia dirigida* é uma proposta de fazer o grupo experienciar um sentimento emitido por alguém, que é dele em primeiro lugar e também pertence ao grupo.

Nesse caso, a metáfora já nasceu, está ali, mas a questão é o que fazer com ela e como trabalhá-la. Existem, entretanto, outras situações complexas e confusas que o grupo está vivenciando e para as quais não se consegue encontrar uma explicação razoável. Nesse caso, o terapeuta poderá sugerir ao grupo que tente encontrar uma metáfora que englobe, que explique o sentimento de perplexidade que o grupo está vivendo. É natural que surjam diversas metáforas, por exemplo: ''Sinto-me como uma pena no chão e não sei o que vai acontecer com ela'', ''Sinto-me como uma ave que tem asas, mas não sabe que pode voar'', ''Sinto-me como um túnel escuro'', etc. O grupo, então, discute as diversas metáforas, o que, em si, já é um grande movimento em direção à *awareness* grupal, e escolhe uma metáfora para ser trabalhada por todo o grupo.

A partir do momento em que o grupo concorda em trabalhar uma determinada metáfora, alguns passos são importantes:

1. Experienciar como cada um se sente com o tema e com que tipo de emoção está envolvido na escolha da fantasia.

A comunicação de emoções entre os membros do grupo tem um poder energizante, contaminador do inconsciente grupal, o qual, sentindo permissão para falar, começa, através do processo de associação de idéias, a produzir material que, saindo de um fundo mais antigo, caminha na direção de figuras mais atuantes e vivas.

2. Escolha de parte da fantasia que cada um deseja personificar, tentando perceber o porquê.

Essa escolha tem freqüentemente uma relação de polaridade. Nesse sentido, o que eu sou e o que eu não sou, o que eu desejo ser e o que não desejo ser podem se equivaler.

3. Transportar-se para uma situação real.

Usar um contexto onde a escolha se faça inteligível; do contrário, estaremos lidando com a fantasia de uma fantasia. A experiência imediata é o objetivo desse trabalho.

4. Evitar que uma fantasia crie outra ou que se passe de uma fantasia a outra sem formar um conjunto lógico.

As fantasias são fruto das necessidades de cada um. Às vezes, em momentos difíceis, o grupo ou alguém tende a explicar sua fantasia com outra. Se elas conservam a mesma seqüência lógica, nada impede sua exemplificação; do contrário, podemos estar diante de um movimento grupal rumo à resistência.

5. Cada parte se explicita, se descreve, tanto quanto possível no presente, dizendo quem é, como se vê e como se sente.

A fantasia tem uma lógica. Ela é um ato criativo. O terapeuta deve estar atento à ordem de entrada das partes na cena grupal, para que a fantasia se possibilite, se viabilize.

6. Troca de experiência através do diálogo entre as partes, tentando já captar a mensagem oculta em cada parte. Essa parte deve ser facilitada ao máximo.

7. Identificação pelo terapeuta e/ou grupo dos temas principais presentes no trabalho da fantasia.

Existem palavras-chave (medo, auto-estima, etc.) usadas pelo grupo e que facilitam essa identificação. O grupo discute, por algum tempo, o tema central, que é o tema da necessidade do grupo.

8. Cada um fala de como se sentiu sendo aquela parte da fantasia, fala se encarnou o papel ou apenas o desempenhou e para que lhe serviu aquela participação.

9. Uma fala geral do terapeuta sobre o experienciado, tentando chegar a uma compreensão mais ampla do tema do ponto de vista experimental, experiencial e existencial.

4. Cadeira quente: A busca do *self* original *(Hot seat)*

Entre todas essas técnicas, a *cadeira quente* é a que mais precisa ser pensada em termos metodológicos.

A *cadeira quente* consiste no fato de que alguém, espontaneamente, solicite ao grupo que fale, livremente e sem censura, sobre ela, seja do seu lado escuro, seja do seu lado luminoso.

É fácil imaginar, de um lado, a intensidade de semelhante trabalho e os riscos a que a pessoa poderia se expor e, de outro, a riqueza de informações que podem advir de semelhante experiência.

Sabemos muito pouco o que as pessoas pensam de nós. A mentira, a inveja, o poder freqüentemente impedem que um verdadeiro conhecimento sobre nós mesmos apareça.

O grupo bem orientado e consciente pode ser o lugar ideal para essa tomada de consciência, dado que, não obstante as posições pessoais que alguém possa ter sobre o outro, tende a procurar e a expressar a verdade de maneira simples, real e adequada.

O poder, a crítica são coisas inerentes a todo ser humano, e somente um estado de inocência verdadeira pode liberar alguém da fascinação do poder e da competição, da inveja.

O grupo terapêutico é a casa da verdade, elemento constitutivo da inocência. Todos nós e o grupo terapêutico, em especial, tendemos a abandonar a posição de poder e de inveja quando percebemos que alguém — inocente e verdadeiramente — se expõe à nossa observação e crítica. Tal atitude mexe com a verdade do grupo e com a de cada um de seus membros, amplia os horizontes da consciência, da *awareness* de cada pessoa, transformando-o em espelho de si e para si mesmo.

A cadeira quente, portanto, é quente, sobretudo para aquele que deve ou deseja emitir sua verdade sobre a verdade do outro. O fato de que o emitente não corra nenhum perigo libera sua censura para reconhecer a si mesmo no mistério do outro.

A cadeira quente é uma técnica que favorece a chegada da totalidade à consciência do sujeito e à do grupo, facilitando, de maneira eficiente, a passagem da coisa em si para o em si da coisa, à chegada do *self* verdadeiro.

O MÉTODO

A cadeira quente pode ocorrer em quatro modalidades. Sua finalidade é ir de encontro à verdade, mas o caminho para chegar lá é o da objetividade e do amor e pode ser variado:

1. A pessoa fica sentada no centro do grupo e vai se virando para cada pessoa do grupo na medida em que cada um vai falando.

Esse modelo é o mais forte, porque a sensação de estar só pode ocorrer com mais freqüência. A pessoa, não obstante o carinho do grupo, poderá sentir-se criticada, sobretudo quando os conteúdos são difíceis de serem falados e escutados.

2. A pessoa se aproxima de cada membro do grupo e, olhando nos seus olhos, pede a ele que diga para ela a verdade que um tem sobre o outro.

A sensação de proximidade, o poder tocar um ao outro com as mãos, dá uma sensação de acolhimento, de se estar em companhia. Apesar de se estar em grupo, o olhar para uma única pessoa alivia a ansiedade, ou melhor, a divide com quem está falando. Falar de perto é sempre mais fácil que falar de longe, como no primeiro modelo.

3. A pessoa fica no seu lugar e cada membro do grupo que queira falar alguma coisa se aproxima dela e fala.

Esse modelo é mais ameaçador para a pessoa que se aproxima do que para o que quer ouvir. O aproximar-se do outro torna a responsabilidade da fala mais pesada, porque supõe que o falante esteja muito consciente do que vai falar e implica ainda uma certa avaliação no sentido de que ele sente que o colega precisa escutar aquela fala para se auto-ajudar melhor. De outra parte, aquele que vai escutar tem aqui a função de acolhimento, pois, nos dois primeiros modelos, ele vai à procura de sua verdade, aqui é a sua verdade que vem até ele. Neste caso, o encontro entre as duas pessoas ocorre de uma maneira mais profunda e significativa. O amor, mais do que nunca, tem que presidir este ato também de amor.

4. A pessoa fica onde está e o grupo fala para ela.

Nesses quatro modelos, a pessoa em questão deve se sentir livre para pedir esclarecimento, para fazer algum comentário ou para interromper o processo, se assim o desejar, independentemente da expectativa do grupo.

A importância, no entanto, de deixar o outro falar livremente é que tal fato ajuda o grupo como um todo a descobrir a verdade do outro de uma maneira mais livre e a corrigir sua própria percepção em um momento subseqüente, quando todo o grupo poderá falar.

A cadeira quente só poderá ocorrer com duas condições:

1. A cadeira quente deve versar apenas sobre as atitudes do interessado na sua relação com o grupo. Trata-se de uma informação por parte do grupo de como este vê o interessado na sua relação grupal. É, portanto, algo que nasceu do grupo e no grupo e que alguém sente que pode clarear.

2. Apenas e quando o interessado solicitar poderá o grupo falar ou fazer uma análise da sua percepção sobre a realidade interna, intrapsíquica do colega, a partir da sua fala ou vivência no grupo.

Nessa proposta, nenhuma pessoa poderá trazer para a cadeira quente material de fora do grupo, sensações que pertencem a um conhecimento anterior ou paralelo à terapia e que não foram trazidas pelo interessado para o grupo.

Todas essas informações despertarão sentimentos com os quais a pessoa não está acostumada a lidar, por isso algumas condições devem ser pensadas para facilitar uma maior segurança da pessoa e do grupo.

1. A pessoa precisa sentir-se com suporte interno, com o suporte do grupo e do terapeuta.

A pessoa precisa sentir-se segura para semelhante exercício, uma vez que é gerador de ansiedade e medo.

2. O terapeuta deve estar atento para que nenhum membro do grupo misture coisas pessoais ao processo em andamento.

As pessoas devem ser avisadas a não participarem do experimento se se sentem contaminadas e percebem que serão parciais na sua fala.

3. O terapeuta deve sentir-se confortável com a pessoa e para com ela.

Deve conhecê-la, saber o seu campo psicológico e comportamental, pois ele é o guardião último do processo grupal e da segurança das pessoas.

4. O terapeuta, após os *feedbacks* do grupo, deve cuidar para que a pessoa em questão e o grupo se sintam acabados, confortáveis, pois poderia ser danoso à saúde da pessoa e do grupo que o experimento findasse sem ter terminado. Nesse momento, a pessoa contará sua sensação da experiência vivida, ressaltando os pontos mais importantes (*insights*, percepções, etc.).

5. Após a fala geral, é provável que se possa intuir um tema geral colocado pelo grupo à pessoa em questão. Poderá ser útil, caso a pessoa queira, que se faça uma fala geral, cujo objetivo primordial é fechar alguma Gestalt inacabada, reforçar idéias boas carregadas de energia positiva e evitar que mal-entendidos se aprofundem ou se mantenham desnecessariamente.

Se essas condições forem observadas, o experimento se transformará em um momento de fecundidade, pois:

1) permitirá à pessoa ter uma visão mais global de sua realidade no mundo e do seu sistema de relação e contato;

2) permitir-lhe-á ter uma experiência imediata com o proibido interno;

3) poderá sentir melhor o que significa ter e dar suporte e como lidar com o suporte no seu quotidiano, aprendendo a dar e pedir, avaliando seu valor, importância e utilidade;

4) poderá levantar alguma problemática oculta e mal transada através da *awareness* experienciada no grupo e pelo grupo;

5) corrigirá percepções introjetadas boas ou más.

A possibilidade de ouvir pessoas diferentes falarem com respeito e adequadamente amplia nossa capacidade de intuição e, conseqüentemente, de mudança.

5. Trabalho de sonho em grupo *(Dreamwork)*

O sonho é uma mensagem existencial. A melhor e mais clara manifestação do inconsciente.

Freud dizia que o sonho é a expressão da realização de um desejo negado. O afrouxamento da censura faz diminuir a culpa e o desejo surge e se realiza em toda a sua força e conteúdo.

A Gestalt vê o sonho como uma expressão da realidade, como algo que está aqui e agora atuando entre o *self* e o ambiente. Cada parte do sonho e o sonho como um todo é o sonhador. Ele toma emprestado ao mundo partes, objetos, através dos quais pode se ver sem censura e entender-se analogicamente.

Dividir o sonho, em suas diversas partes, entre os diversos personagens é um modo eficiente e eficaz de ver uma mesma realidade de ângulos diferentes, com emoções e afetos diferentes. As razões pelas quais um membro do grupo escolhe uma determinada parte do sonho são altamente significativas. A escolha baseada em mecanismos de identificação introjetiva e projetiva joga um papel importante na compreensão do processo interno da pessoa. Essas partes juntas falando, discutindo, sentindo, encontram não apenas o significado e a compreensão do sonho, mas a própria essência da realidade onírica, que é onde a vida acontece, seja na sua fecundidade e clareza, seja no medo e na ocultação.

O importante no trabalho de sonho é a compreensão de cada parte isoladamente. É preciso que a pessoa que personifica uma determinada parte a sinta, se desvende. Num segundo momento, entretanto, é necessário que se entenda essa parte como um subsistema, visto na sua relação com a totalidade, porque é aí que ela ganha realidade.

O terapeuta é o administrador do processo. Ele facilita os *insights*, protege as pessoas de emoções fortes e desnecessárias. Conduz o trabalho de sonho de modo que se perceba qual é o fio, a idéia central que mantém e cria o aprendizado existencial.

O trabalho de sonho, de um modo geral, é intenso, porque conduz as pessoas a experiências imediatas de conteúdos inconscientes, por causa da força da emoção coletiva que o grupo vive, como se fosse um só corpo, na busca de significados. A *awareness* chega como uma totalidade provocando mudança. A força com que a consciência entra em contato com o desejo transformador depende da relação que se estabelece entre o desejo e sua negação.

O MÉTODO

O sonho a ser analisado pode ser visto como um sonho do grupo ou como um sonho individual. As pessoas sonham com o grupo, e, às vezes, o sonho aparentemente nada tem a ver com o grupo. Em ambos os casos, o sonho pode ser trabalhado pelo grupo. Caso o sonho seja considerado como do indivíduo, este não participará do trabalho de sonho, desempenhando alguma parte. No caso em que o sonho seja considerado um sonho do grupo, a pessoa que sonhou poderá participar do trabalho, mas sem interferir na compreensão que as diversas partes apresentam. Poderá dar apenas a compreensão de sua parte.

Em tese, qualquer sonho poderá ser analisado pelo grupo, mas quanto mais complexo o sonho, melhor poderá ser a sua compreensão pelo grupo, dado que o lado escuro de cada um tenderá a lançar luz sobre ele.

Os passos

1. A pessoa conta simplesmente o sonho.

2. O terapeuta solicita que ela conte, de novo, o sonho, mas colocando todos os verbos no presente.

Às vezes, muitas coisas se esclarecem aí, outros detalhes esquecidos são lembrados, pois contar o sonho no presente, isto é, como se o sonhante estivesse vendo o próprio sonho, traz de volta emoções vividas.

3. Cada pessoa escolhe uma parte do sonho para ser personificada por ela.

Por exemplo, alguém é a estrada, outro, o carro, etc. Quando mais de uma pessoa deseja ser a mesma coisa, os dois ou o grupo discutem e decidem quem personifica a parte em questão. Caso duas ou mais pessoas escolham a mesma parte, poderão viver igualmente essas partes, porque as viverão diferentemente. O terapeuta faria a ponte entre elas.

As pessoas que decidirem não participar da escolha das partes poderão, se desejarem, explicar o porquê da não escolha e até posteriormente entrar no trabalho como polaridades negadas.

Se todos escolherem a mesma parte, o trabalho de sonho poderá realizar-se em forma de fantasia dirigida ou cadeira vazia.

Se grande parte escolher a mesma figura, todos poderão representá-la, fazendo um diálogo rico entre si e com as demais partes. O terapeuta é como um maestro, que, obedecendo ao roteiro, poderá criar livremente.

4. Acrescentar, se necessário, outros objetos para facilitar a integração das pessoas e facilitar as pontes entre os diversos papéis.

5. Em seguida, as pessoas se descrevem, dão as características dos objetos que personificam, dizem os sentimentos que estão vivendo.

6. As partes falam entre si. Comentam como sentem as outras partes.

Por vezes, é interessante começar por aquela parte que o sonhador entende ser a mais difícil e a mais misteriosa. Essa parte costuma encerrar muita energia, o que pode facilitar o experienciar do grupo.

7. Fala geral sobre a experiência de cada um, como cada um vivenciou sua parte e que tipo de aprendizado ocorreu.

8. No caso em que a pessoa que sonhou não participou do trabalho do grupo, poderá agora dizer como se sentiu e qual a compreensão que teve do sonho.

9. Procura do tema central do sonho e conseqüente discussão pelo grupo.

Essa discussão ajuda a interiorização dos conteúdos descobertos, facilita a generalização do aprendizado da mensagem central e sua relação com o quotidiano.

6. Trabalho corporal *(Bodywork)*

O trabalho corporal é diferente de tudo de que temos falado até agora. Nada mais pertinente que trabalhar o corpo em grupo, dado que também o grupo é visto e simbolizado por nós como um corpo que aparece, que cresce, que sofre, se excita, sujeito ao prazer, como à dor.

Agir, fenomenologicamente, é uma tentativa de ir à coisa mesma, de se ter uma compreensão fenomênica da realidade tal como se apresenta à nossa contemplação. Baseado nesse pressuposto, não há como excluir o corpo de um verdadeiro processo psicoterápico. O homem não é só fala, só pensamento, só corpo. Ele é uma unidade de funcionamento e qualquer atitude que valorizasse mais a mente, a palavra que a imediatez do corporal, estaria lesando, entendendo mal a verdadeira significação do ser fenomênico.

A Gestalt-terapia recupera o corpo todo no processo terapêutico, sendo, de fato, uma teoria gestáltica do homem e não uma contradição de termos (*contradictio in terminis*), ou seja, um nome que não pode ser operacionalizado por si mesmo. Ela considera o homem uma Gestalt e esta é uma unidade integrada, corpo, mente, alma, de tal modo que estas três funções essenciais do ser humano não são apenas uma idéia, mas um fato experiencial e, conseqüentemente, experimental.

O conceito de figura e fundo nos auxilia na compreensão maior desse fenômeno. O que é figura e o que é fundo nesse composto metafísico chamado homem? Não existe uma resposta, pois não é o fato da visibilidade do corpo que determina ser ele sempre figura, nem tampouco a invisibilidade da alma que determina ser ela fundo. Heidegger lembra que, muitas vezes, a essência se revela exatamente onde parece esconder-se. A relação corpo-mente é uma relação misteriosamente dinâmica. A absoluta interdependência dessas duas partes, dessas duas energias é que constitui o fenômeno vida. A doença é sempre uma perturbação na fronteira misteriosa que une as duas partes, e a morte é a interrupção do contato entre elas. Às vezes, o corpo revela a alma, às vezes, a alma revela o corpo, e ambos revelam a pessoa humana.

O processo terapêutico deve estar atento permanentemente a essa relação dinâmica, bem como a qualquer processo que tente enfraquecer esse processo maior na fronteira vida-morte. Não se pode privilegiar o corpo ou a mente, os dois são permanentemente figura e fundo se sucedendo dinamicamente na relação corpo total-ambiente total. Um torna o outro existente e atuante.

Trabalhar o corpo e com o corpo se torna uma emergência natural do processo terapêutico, enquanto excluir, não prestar atenção ou fazer menos de um desses elementos (corpo, mente, alma) significa trabalhar dividindo, criando uma Gestalt, que, por sua natureza ontológica, é absolutamente não distinguível.

Todo trabalho psicoterapêutico é necessariamente trabalho *com* o corpo. O corpo está absolutamente presente na terapia, sendo ele o primeiro discurso, a primeira informação. Algumas vezes, porém, será necessário trabalhar *o* corpo, para que seus diversos elementos se sintonizem e a Gestalt aconteça. Se isso é verdade para a terapia individual, na terapia de grupo isso será imprescindível. O corpo, no grupo, ao mesmo tempo em que ele é mais visível, mais agressivo, mais forte, é também mais misterioso, mais rico e mais presente. Se é verdade que o corpo fala, no grupo ele grita, se expõe e se declara da maneira mais consistente.

A força do corpo no grupo está em que, no grupo, não há como fazer de conta que ele não está ali. São oito a dez corpos que se olham, se analisam, se integram e se completam, em um movimento de impressionante sincronia, como numa peça teatral onde eles falam o tempo todo, porque o tempo todo eles são reflexos de uma energia de vida que procura se firmar e acontecer plenamente. No grupo, os corpos são como instrumentos de uma orquestra, que em suave e, às vezes, forte interdependência produzem música, que é vibração conjunta de todos eles.

O terapeuta tem que estar muito atento à postura corporal das pessoas no grupo. A postura é, freqüentemente, um sinal do que está ocorrendo dentro das pessoas. Muitas vezes, o grupo expressa em uma sessão ou através de sessões o verdadeiro tipo de energia que está manipulando. Se o corpo é o inconsciente visível, a postura corporal nos remete a alhures, onde a matriz pode nos revelar os meandros da relação corpo-mente.

O trabalho de corpo, entretanto, em grupo ou grupal não é jamais obrigatório. Ele pode acontecer, dependendo das habilidades e do poder criativo do terapeuta, bem como da vontade clara e consciente do grupo, que, diante de uma determinada situação, expressa seu desejo de trabalhar dessa maneira. Mesmo nesses casos, o grupo deve ter conhecimento do processo previsto e daquilo que experienciará. Embora ninguém possa prever onde um trabalho corporal terminará, é importante que o grupo queira entrar nesse processo corporal e conheça as linhas gerais do trabalho. Ninguém pode ser levado a uma viagem ao desconhecido sem saber da dimensão que essa experiência poderá significar. Uma das funções do terapeuta é dar suporte ao grupo, é estar atento a que nenhum processo viole a intimidade das pessoas ou que pessoas não se submetam a riscos que perturbem o equilíbrio saudável entre seu *self* e o mundo fora delas. De outro lado, os trabalhos corporais costumam ser intuitivos e de grande utilidade para o desbloqueio de censuras e extremamente úteis para corrigir distorções da imagem corporal.

"A Gestalt-terapia é uma abordagem holística e enquanto tal vê a experiência física e sua expressão como intrínsecas ao ser e ao funcionamento da pessoa..." Nesse sentido o trabalho corporal "chama a atenção sobre o processo de ampliação da consciência, do uso da experiência do próprio corpo, para um mais refinado desenvolvimento da *awareness* e da sensação do corpo do cliente, para o uso do toque como facilitador da *awareness*, trabalhando com respiração e movimento, em percepção corporal e em um sistema cliente-terapeuta como um campo de energia".[2]

O corpo e a experimentação, o ciclo de experiência e os fenômenos corporais através da respiração englobam o que estamos chamando de trabalho corporal, que nos coloca diante de uma riqueza imensa, porque rico e imenso é o corpo humano.

Nada melhor que o método fenomenológico para nos ajudar nessa operação complexa que é ir às coisas mesmas através do único veículo possível: o corpo humano, e a estarmos no quê e no como do corpo, aqui e agora, no deslumbramento do que significa ser pessoa humana.

Na prática existem muitas técnicas que se adaptam mais adequadamente ao trabalho corporal, como música e movimento, fantasias dirigidas envolvendo respiração e trabalho corporal, exercícios coletivos de vitalização e alongamento, contato através do toque, exercícios com duplas, etc.

Esses exercícios devem:

1. Nascer de uma necessidade e da vontade explícita do grupo.
2. Ser feitos de modo que o grupo não perca contato com sua consciência corporal.
3. Proporcionar *feedback* recíproco, de modo que o grupo não perca o experienciado.
4. Aprofundar o tema coletivo presente no trabalho corporal através de fala do terapeuta e do grupo no sentido da ampliação do horizonte da cultura grupal.

Conclusão

Essa reflexão sobre experimentos grupais facilita o trabalho daqueles que, muitas vezes, apesar de acreditarem na força do grupo, se interrompem no processo criativo de ir às coisas mesmas utilizando técnicas corporais ou que chamem o corpo imediatamente em causa.

Experimentos são complexos e, por mais cuidadosos que sejamos, é fundamental a atitude de suporte por parte do terapeuta com relação às necessidades do grupo.

O terapeuta tem a função precípua de facilitar o processo grupal e de administrá-lo. O grupo é um campo total de forças, um espaço vital complexo, dadas as relações que aí se cruzam e, embora o grupo terapêutico tenha uma tendência natural para auto-organizar-se, a atitude do terapeuta deve ser marcada pela atenção, pela presença, pela assertividade.

Esses experimentos não são uma regra nem uma obrigação, são uma opção em momentos de confusão do grupo, uma oportunidade de organizar tecnicamente algo que já estaria ocorrendo e também um instrumento de que o grupo poderá lançar mão para clarear um tema que ele deseje aprofundar, embora não pertença à sua experiência imediata, que, nesse caso, passa a ser a própria vontade ou necessidade do grupo.

Referências Bibliográficas

1. Gestalt Institute of Cleveland, Program Catalogue, 1990/91.
2. Gestalt Institute of Cleveland, Training Programs, 1991/92, p. 24.

CAPÍTULO VII

RESISTÊNCIA GRUPAL

"Tire todas as resistências, todas as confluências e todas as outras resistências, o que restará não será definitivamente "contato", pura e simplesmente, mas apenas uma completa fusão, talvez até um corpo morto, um caminho da decomposição, o qual estará completamente e pela primeira vez fora de contato." [6]

Gordon Wheeler

"A Gestalt-terapia não nega a existência do fenômeno que outras teorias vêem como resistência. O conceito de resistência, contudo, e suas implicações contrastam, de fato, com a prática da Gestalt-terapia." [1]

Polster e Polster

"Embora a idéia de resistência não seja incorreta, é possível pensar o processo da terapia sem o conceito da resistência. Resistência está mais ligada ao conflito no modelo psicanalítico do que dentro de uma visão holística da Gestalt-terapia." [2]

E. Breshgold

Antes de mais nada, os dois pensamentos anteriores são um preciosismo do ponto de vista fenomenológico. Se a Gestalt-terapia "não nega" a existência do fenômeno resistência, e se "a idéia de resistência não é incorreta", ambos concordam que o processo existe e ocorre mesmo em Gestalt-terapia, restando-nos sair do "que" para o "como" do fenômeno.

Do ponto de vista da eletricidade, "resistência é a propriedade que tem toda substância de se opor à passagem da corrente elétrica e que é medida, em um corpo determinado, pelo quociente de tensão contínua aplicada às suas extremidades pela corrente elétrica que atravessa o corpo"[3].

A finalidade da resistência no ser humano é idêntica: ela se opõe à força de uma energia desproporcional que ameaça interromper o equilíbrio *self*-organismo-mundo.

Qualquer força que se oponha a outra chama-se resistência, independentemente de qualquer caráter moral ou de valor que possa ter.

O aspecto fenomênico, portanto, da resistência é ter a função de controlar o fluxo energético de uma força exterior que tenta romper a auto-regulação organísmica de um ser ou pessoa.

Tal fato é completamente sustentável do ponto de vista filosófico e fenomenológico, pois ele simplesmente revela o fenômeno e sua natureza e não se opõe ao que Yontef (1981) afirma, pois: 1 — revela um fato, um dado, constata um fenômeno, sem nenhuma conotação moral; 2 — não cria diferenças entre objeto e sujeito, mas revela um processo entre ambos; 3 — está plenamente dentro da Teoria do Campo, porque revela a relação de subsistemas em ação[4].

Desse ponto de vista, numa analogia entre o físico e o humano, o conceito é compatível com a idéia gestáltica do processo. Do ponto de vista terapêutico, devemos distinguir entre processo de resistência, pessoa que resiste e motivos pelo qual resiste.

É antifenomenológico atribuir à pessoa que resiste intenções valorativas ou morais, pois a pessoa não resiste porque quer e sim por uma exigência interna de auto-equilibração. Seu comportamento é uma tentativa de um ajustamento criativo para fugir de uma dor maior, de uma figura insuportável, que termina se tornando um fundo com o qual pode lidar mais confortavelmente.

O fenômeno da resistência tem que ser visto como tal e diretamente ligado, do ponto de vista metodológico, aos conceitos de figura e fundo, polaridade, *awareness* e contato.

A resistência biológica e mental é um processo natural do corpo saudável, pois a morte só ocorre quando cessam as resistências. Resistência diz respeito à vida e não à morte.

A resistência é um processo natural de busca de equilibração. Quando se perde o controle desse processo de equilibração espontânea, introduz-se naturalmente no organismo o medo do desconhecido e da morte.

Equilibração espontânea é aquela que procede de leis internas do processo de relação eu-ambiente, independentemente da vontade da pessoa. Com a pessoa em homeostase perfeita, a relação harmônica entre os diversos campos é total. O organismo está dinamicamente em repouso.

Equilibração natural é o processo que surge das exigências organísmicas sempre que um elemento estranho tenta penetrar no campo total produzindo um desequilíbrio. Nesse caso, a homeostase se encontra em perigo e o organismo naturalmente libera suas defesas à procura de um ajustamento criativo.

O processo da resistência independe da vontade do terapeuta. O organismo resiste naturalmente sempre que está diante de um objeto possivelmente ameaçador, terapeuta ou grupo, não importa.

Resistir é um processo natural, porque é um processo de defesa da equilibração organísmica, psicológica e ambiental.

Um corpo sem resistência física ou mental simplesmente morre.

É dentro dessa visão do fenômeno que este capítulo está escrito.

O termo resistência, portanto, do ponto de vista de processo, é necessário e, conseqüentemente, do ponto de vista ontológico e fenomenológico, não se pode pensar uma terapia sem resistência, pois a matéria do processo terapêutico é basicamente constituída dos processos resistenciais, pois a defesa do organismo, como um todo, supõe sempre resistência.

Certas palavras carregam consigo um estigma. Não há como ficar neutro diante delas. Elas simbolizam convite, fuga, coragem, medo. Expressam um lado forte do estar vivo. Provocam admiração e ataque ao mesmo tempo. Diante de tal grandeza, talvez mistério, só existe uma atitude adequada: humildade, observação e, sobretudo, silêncio.

Resistência, em grupo ou do grupo, é isto.

Fenomenologicamente, o que ocorre é o que ocorre. Parece simples, e não é, pois, o que se vê não é, necessariamente, o óbvio, o percebido.

Resistência é uma forma de contato e isso ocupará grande parte de nossa reflexão.

Se resistência é contato real, a grande questão é: quando se resiste, se resiste a quê? Quando alguém resiste no grupo está resistindo a quem e a quê? E mais: quando o grupo, como um todo, resiste, está resistindo a quem e a quê?

Quando pensamos no ciclo de experiência ou de contato, dizemos que o resistente pára, bloqueia seu movimento em algum ponto do ciclo. Quando a resistência é neurótica, ocorre um bloqueio, mas, se ela já é parte integrante da personalidade, o ato de resistir eficazmente poderá ser, exatamente, o repouso, e finalização do ciclo de experiência, porque será através da resistência que o organismo encontrará seu equilíbrio provisório. Nesse caso, resistir é algo como comer, dormir, é apenas mais um processo de equilibração organísmica. Assim como dormir demais, comer demais podem fazer mal a esse equilíbrio, também resistir demais pode provocar desequilíbrio. A resistência, portanto, tem que ser vista dentro de um inteiro processo, seja do indivíduo, seja do grupo, para que se possa avaliar sua qualidade. Podemos, portanto, dizer que existem resistências boas e ruins. Será sua significação no processo que informará sua qualidade e utilidade.

Tal postura começa a informar ao leitor nossa caminhada. Estamos saindo do conceito de que resistência é algo que deve ser derrubado, destruído, para o conceito de que deve ser observada criteriosamente, estudada profundamente e até cuidada religiosamente, enquanto a sacralidade do constituir-se pessoa passa necessariamente por um respeito atento aos caminhos percorridos pelo organismo.

1. Buscando uma definição

A resistência pode ser considerada como um mecanismo de defesa em si, como um processo total e independente, algo chamado a Resistência, de tal modo que, quando se falar Resistência, o termo, por si só, encerrará um significado. Pode também ser considerado, tradicionalmente, um mecanismo de defesa com vários nomes ou divisões didáticas de uma única realidade e, neste caso, será chamado projeção, introjeção, etc.

Nesse texto, a resistência será estudada sob os dois aspectos e sempre como uma forma de contato em nível individual e grupal.

Antes, porém, penso que nos ajudará retornarmos, de maneira simples, à função da resistência do ponto de vista da física e da eletricidade.

Dentro do contexto da física acima descrito, a resistência assume um papel controlador e protetor, passa a ser um instrumento de vital importância na regulação objeto e meio circundante, passa a ser a fronteira, o limite onde forças se debatem na tentativa de vencer uma à outra.

Observar a resistência de alguém é observar o sistema interno de relações que seu *self* estabeleceu com o mundo. A resistência nos fornece todas as informações necessárias para se entender como o sujeito ou o grupo estruturam uma percepção de si e da realidade, sobretudo em situações de compromisso.

O estudo da resistência implica o esclarecimento de sua natureza, da do grupo onde ocorre, dos meios de como abordá-la tecnicamente. A natureza e a gênese da resistência são os processos básicos a partir dos quais será possível rever esse conceito, mais como um processo que como um sintoma.

Tal fato é importante porque no grupo ocorrem simultaneamente três tipos de processo: intrapessoal, interpessoal e do grupo como um todo. Isso significa que a resistência poderá também ocorrer nos três níveis e que a escolha de um e não de outro conduzirá o grupo a experimentar processos diferentes.

O relacionar-se em grupo, portanto, não é algo opcional, mas ocorrerá necessariamente. "O extremo do relacionar-se é a separação e a unidade. Separação é uma dimensão do relacionar-se e não a destruição disso... Nem a separação, nem a união são a finalidade do processo terapêutico, mas antes a exortação para uma interminável e, muitas vezes, dolorosa anulação entre eles[5]".

O grupo convive necessariamente com esse duplo movimento de estar junto como uma unidade ou entidade dinâmica e o de separar-se, no sentido de que cada um conserva sua identidade. O grupo é, portanto, um treinamento constante de como estar junto, sem perder a própria identidade e como separar-se, sem perder a coesão. O grupo experiencia a polaridade unidade *versus* separação e esse movimento é energia de crescimento pessoal, estando o processo da resistência permeando, o tempo todo, essa experiência.

2. Natureza da resistência

Tal fato nos remete à necessidade de se estabelecer um campo teórico, a partir do qual a natureza da resistência fique clara e permita ser abordada.

Do ponto de vista individual, o eu usa uma defesa quando um impulso está em conflito com uma proibição. A resistência, portanto, é algo que ocorre entre um impulso e uma proibição. Em toda defesa existe, pois, algo reprimido. Quando um conflito não pode ser resolvido, ele é banido da consciência, e o desejo é reprimido. O equilíbrio que surge daí é frágil, porque ele é uma situação de compromisso entre a consciência e sua negação. O material reprimido, portanto, não consegue voltar, e o mecanismo se instala como um pseudo-elemento equilibrador e de compromisso.

A resistência é vista hoje como um mecanismo que pertence à estrutura de personalidade. É impossível conceber alguém cuja estrutura de personalidade seja isenta de resistência. Tal fato significaria uma personalidade robotizada, incapaz de escolhas e completamente automatizada, incapaz de mudanças.

Se pensamos no grupo como um indivíduo, também ele estruturará suas resistências, também ele estará convivendo com o desejo e sua proibição, com o impulso e sua negação.

Como dissemos antes, em toda defesa existe uma energia de repressão, que funciona como um elemento equilibrador. A repressão se instala na fronteira entre a consciência do desejo e a proibição que, freqüentemente, é inconsciente. E, quanto mais isso acontece, mais se solidificam as defesas.

Esses processos ocorrem mais nas fases iniciais do grupo, sobretudo por dois motivos: primeiro, as resistências individuais são claras e necessárias nessa fase e, segundo, o grupo ainda não construiu sua matriz.

Nesse momento, o terapeuta deve facilitar, sobretudo, dois processos: levantar as motivações do grupo e facilitar sua capacidade de se expressar. Na realidade, o que ocorre entre o impulso e sua proibição é que tanto o indivíduo quanto o grupo não se sentem seguros. Segurança é fundamental no processo de desbloqueamento da repressão, o qual passsa pelo conhecimento das motivações grupais e pela permissão para falar sentida pelo grupo.

Citemos, inicialmente, projeção e introjeção como formas antigas de repressão, dado que esses mecanismos necessitam de um campo já com certa organização, pois são mecanismos de diferenciação entre o eu e o mundo. Porque esses mecanismos somam e dividem, eles são também mecanismos de constituição de identidade. Eles constituem o dentro e o fora e permitem a diferenciação entre o *self* e o mundo.

A polaridade da introjeção é a mobilização; a da projeção, a ação. A repressão ocorre exatamente para impedir a mobilização e a ação como movimentos de realização do desejo.

Estamos falando especificamente desses dois mecanismos, porque, enquanto mecanismos de diferenciação, estão sempre presentes nas fases iniciais do grupo e podem boicotar a sua segurança.

Apesar de necessários, quando eles existem e funcionam intensa e prolongadamente, tornam-se neuróticos e criam uma discrepância entre a percepção que o grupo tem de si mesmo e a realidade sua e a de fora. Aí surgem as manobras para manter a negação e fugir do desejo, uma falsa sensação de equilíbrio, necessária, no entanto, naquele momento, como equipamento psíquico que ajuda a pessoa ou o grupo a lidar com seus perigos internos, cuja percepção transforma a realidade em algo eminentemente perigoso.

Paradoxalmente, entretanto, também as resistências têm uma função interna criativa, pois, no afã de se defender da realidade externa, a pessoa termina por criar novas habilidades que permitem que novas funções e papéis se desenvolvam no seu interior. O terapeuta de grupo tem que estar atento ao processo inconsciente do indivíduo e do grupo, porque sua manutenção corta o contato. Ao mesmo tempo, terapeuta e membros do grupo têm que aprender a lidar com as resistências do indivíduo de maneira diferente de como ele lida, porque tal postura só faria crescer ainda mais sua resistência.

Freud nos lembra que as pessoas mantêm a resistência pelos seguintes motivos:

1. Para não acabarem os laços com o terapeuta.

2. Porque querem manter o relacionamento e não analisar seus conflitos, o que levaria ao término da terapia.

3. Por causa dos benefícios secundários da doença e dos sentimentos de culpa que, quase sempre, estão presentes no processo terapêutico.

4. Para não deixar velhas atitudes, porque a pessoa não sabe se a mudança lhe trará mais benefícios que os sintomas.

Se trocarmos todos esses motivos, que, por si só, são também resistência e oposição ao contato e ao processo de conscientização, veremos que, no grupo, tal processo se torna enormemente mais complexo. As dificuldades de um grupo como um todo de entrar em terapia ou de encerrá-la passam, necessariamente, pelas mesmas reflexões apontadas por Freud.

Quanto mais doente um grupo, tanto mais ele terá dificuldades de mudanças. Sabemos que a mudança está ligada a uma série de medos, como medo da própria liberdade e medo de assumir seu próprio poder. Ao mesmo tempo, manter-se na resistência parece uma autoproteção contra novas dores e situações humilhantes, dando também a sensação de que manter-se na resistência é manter a própria autonomia e identidade.

Mudar é procurar situações novas, e, de novo, o medo de também ali não se encontrar solução provoca o recuo e a repressão do desejo. O indivíduo não pode ou não acredita que mudar-se pode trazer novas compensações. Ele teme mudar-se de algo que lhe parece útil para algo de cuja utilidade e vantagens duvida. Nesse processo, a ansiedade ocupa um papel fundamental. O nível de ansiedade é o termômetro que indica o grau de repressão do desejo e a proibição interna da mudança.

No grupo, essas fantasias catastróficas funcionam do mesmo jeito. Também o grupo tem medo da própria mudança e pergunta-se se vale a pena. O grupo passa a ter uma percepção aguda do *locus* e *momentum* em que se encontra. Os compromissos inconscientes se fazem entre membros. O silêncio, diante de certos temas, pode ser uma situação de compromisso e medo de mudança. O grupo tem testemunhas, e isso é apavorante para muitos. Mudar, às vezes, é difícil, mas ter testemunhas dessas mudanças pode ser ameaçador, pois, uma vez ocorrida a iluminação, fica difícil negá-la, seja em nível intrapsíquico ou interpsíquico.

Temos de pensar que ansiedade e medo estão intimamente ligados ao processo interno da resistência à *awareness* que conduz à mudança.

Conhecer o processo interno da resistência grupal é perceber a estrutura interna em que ela se funda. Não se trata, pois, de lidar com a resistência em si, mas com o processo ou elementos que ela contém, enquanto ela encerra modelos fixos e repetitivos, cuja finalidade é impedir a diferenciação criativa e, conseqüentemente, o crescimento. Fazer terapia da resistência não é destruí-la ou modificá-la, mas entendermos suas razões.

Quanto mais forte a resistência, tanto mais compensações o grupo pensa que tem ou sente proteger, pois a saída da resistência é a entrada no desconhecido. O resistente é alguém que vive permanentemente no passado, aqui e agora, hoje. O medo do risco persegue o resistente.

A resistência tem, pois, uma função vital tanto em nível individual quanto de grupo. É algo com que se tem de lidar com extremo cuidado, pois tem função equilibradora e protetora, ao mesmo tempo. Se é um risco a manutenção da resistência, também é um risco sair dela. De um modo falso, ela dá ao indivíduo e ao grupo a sensação de que se está em controle e que perder esse controle é pôr em risco a própria existência.

A resistência dá uma sensação de equilíbrio. A pessoa no grupo e o próprio grupo, quando funcionam na defesa, na retranca, têm uma sensação que pode parecer de equilíbrio.

Voltando à noção de repressão, enquanto proibição de um impulso, de um desejo, podemos entender que observar a polaridade é o caminho de perceber como a resistência se estruturou. Isso significa que a resistência é a negação do desejo. O processo é, portanto, aquele de se negar o que se deseja e de se desejar o que se nega. Conhecer a resistência é conhecer o desejo que se teme como algo destrutivo da própria intimidade e, ao mesmo tempo, enfrentar o desejo é criar possibilidade de transformação.

Trabalhando paradoxalmente, o caminho é perceber a polaridade, negação e desejo, para se sentir como a resistência se estrutura e permitir o fluir do desejo ameaçador.

Se a resistência é introjetar, o caminho será o de mastigar; se é projetar, o caminho é o de reter; se é retrofletir, o caminho é o de trocar, encontrar; se é defletir, o caminho é focalizar, concentrar. Isso significa perceber o processo de estruturação do sintoma e de como este mantém a repressão, negando o desejo. Encontra-se, então, o caminho de como chegar à essência mesma da resistência, que é conhecer sua utilidade, suas vantagens e sua forma de repetir-se.

3. Resistência como contato

"Tire todas as resistências, todas as confluências e todas as outras resistências, o que restará não será definitivamente 'contato', pura e simplesmente, mas apenas uma completa fusão, talvez até um corpo morto, em caminho da decomposição, o qual estará completamente e pela primeira vez fora de contato."[6]

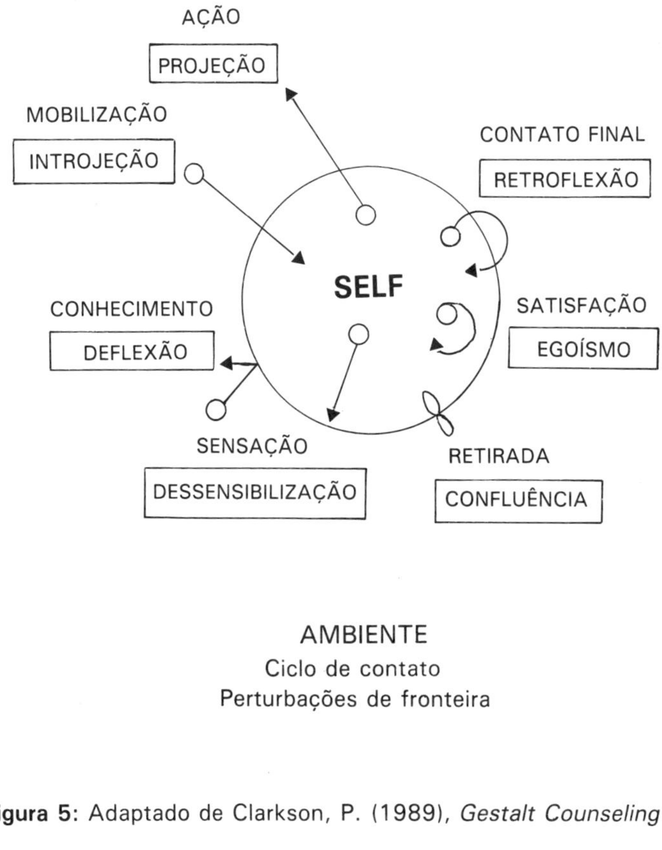

Ciclo de contato
Perturbações de fronteira

Figura 5: Adaptado de Clarkson, P. (1989), *Gestalt Counseling Action*.

A resistência é uma forma de contato que o sujeito mantém entre seu *self* e o ambiente que o cerca. Não se pode pensar em resistência como algo autônomo, como algo do sujeito ou do grupo, desconectado do ambiente, fora dele. A resistência é sempre uma função do ambiente, ou seja, ela acontece no "entre" das fronteiras: *self* — mundo. Para sobreviver, o indivíduo caminha entre um duplo movimento, o de manter a resistência e o de se livrar dela, ainda que momentaneamente. Nesse movimento polar, que é resistir e acomodar-se, está a natureza do contato presente no processo de resistência e está também a garantia de manutenção de equilíbrio do sujeito no mundo, ainda que esse movimento tenha pouca sustentação. Esse movimento permite ao sujeito se auto-reconhecer e se identificar, enquanto, quando numa posição, pode olhar-se na outra e vice-versa.

Esse processo de identificação funciona como o refluir figura-fundo, onde um permite a existência do outro e onde existir é passar da figura ao fundo, e vice-versa, é contar com a possibilidade de se ver diferente no momento seguinte.

O indivíduo permite ao grupo existir, e vice-versa. Jamais as pessoas no grupo podem perder sua identidade, suas características. De certo modo, é o preservar-se conscientemente que permite ao indivíduo mudar-se, manter o contato básico consigo mesmo e promover a própria mudança e a do grupo.

Esse movimento de resistir e acomodar-se, de ter que organizar suas próprias fronteiras e alargá-las ao mesmo tempo, é fundamental ao crescimento do grupo, pois, sem fronteiras, o grupo cairá num fundo caótico e com fronteiras rígidas demais viverá uma situação de ser figura sem vida, sem criatividade.

O grupo é isso, vivência de polaridades, figura e fundo, necessidades sendo satisfeitas e o processo retornando ao fundo. O grupo deve encontrar a sabedoria desse movimento. Compete ao terapeuta sinalizar tanto a proximidade do caos quanto a da espontaneidade que violenta limites, impedindo o surgir da *awareness*.

Uma das finalidades da resistência é a proteção daquilo que o sujeito ou o grupo sabem que não pertence à sua estrutura, mas com que convivem como se pertencessem a ela. Tal fato cria uma tensão inter e intragrupal, pois, ao mesmo tempo que essa tensão deve ser desfeita, enquanto fruto do sintoma, é ela também que mantém o sujeito e o grupo à procura de soluções. Não é fácil conviver com esse duplo movimento energético. Ela supõe um ajustamento criativo, para usar a expressão de Paul Goodman, sem o que o grupo seria destruído pela sua própria energia.

O grupo funciona como um campo, que é também um organismo vivo, e sua fronteira se aproxima e se afasta na relação organismo-ambiente, na razão em que o grupo precisa desse suceder-se de figura e fundo, desse ir e vir, desse resistir e confluir, o que constitui sua vida e movimentos próprios.

Compete ao terapeuta criar e facilitar esse movimento pendular ou de ondas que surgem de um fundo, o mar, e que se tornam visíveis no seu trabalho de purificação das praias. Esse movimento permite a limpeza da matriz, como as ondas, a da praia.

O conceito de contato para nós não é simplesmente um sinônimo de *awareness*; por isso, como diz Gordon Wheeler, temos de passar do conceito de resistência ao contato para o da resistência à *awareness*, significando ambos uma relação dinâmica com o mundo fora do sujeito.

Contato é um processo consciente de encontro entre dois seres, — eu e o outro, eu e o mundo — através do qual uma mudança ocorre produzindo crescimento, provocado pelas diferenças das partes em ação. Todo contato, portanto, é por natureza transformador. Por essência e por natureza, para que o contato ocorra as partes devem ser ou devem poder ser cambiáveis, permeáveis, pois, do contrário, não haverá troca, mas apenas toque.

"Contato é *awareness* unida a uma percepção e/ou a um encontro estruturados com o ambiente, mais um comportamento".[3]

Isso significa que a mudança ocorre nas fronteiras do *self* e do ambiente, quando presidida e movida pela energia da *awareness*. Sem *awareness* não existe verdadeiro contato, não existe troca nem mudança, donde, de fato, temos de afirmar que a resistência é, primeiramente, resistência à *awareness* e não ao contato.

Tal fato está diretamente ligado ao processo da repressão, em que o material reprimido permanece fora da consciência, evitando qualquer ponto de contato nutritivo e transformador.

É bom lembrar que resistência não é o ponto de contato, mas é em si uma forma de contato.

Temos afirmado que o grupo é figura e que seus membros são o fundo. De outro lado, dizemos também que as resistências tanto podem surgir do fundo quanto da figura ou do grupo enquanto processo unificador.

Quando as resistências ocorrem na matriz, elas pertencem ao grupo como um todo, quando a resistência é de um indivíduo, temos de pensar que é sua e do grupo e, quando do grupo, será também do indivíduo, pois existe uma contaminação dinâmica entre o grupo e seus membros. Nesse sentido, podemos dizer que qualquer resistência no grupo virá do fundo, em um duplo sentido, enquanto procede da matriz e enquanto vem dos pequenos fundos, os membros do grupo.

O sujeito, o grupo estão sempre em contato entre si e com o ambiente, pois todo ser é ser de relação. A resistência é o modo como o grupo organiza seu contato em um dado campo. No grupo, os indivíduos trocam o tempo todo experiências que visam criar a coesão grupal, através da facilitação da permissão para falar. De outro lado, também o grupo troca o tempo todo informações e experiências com o mundo exterior. É necessário um permanente ajustamento criativo entre o ser e o *self* do grupo. Esse ajustamento é ditado pelas necessidades do grupo, pela flexibilidade dos movimentos dentro-fora-dentro e pela necessidade maior ou menor de organização grupal, em função da redução da ansiedade.

A resistência tem que ser vista como algo que acontece em um dado campo estruturado, como um processo no campo e do campo, como um modo como o indivíduo ou o grupo organizam seu aqui e agora, na sua relação eu-mundo, a partir da significação que ele confere à realidade fora dele.

Resistência não é resistência ao contato, resistência é contato, no sentido de que ela coloca o indivíduo a experienciar sua própria realidade dentro de suas fronteiras possíveis.

A resistência grupal é mais complexa. O grupo resiste a alguém, a alguma coisa e com uma finalidade precisa. A resistência grupal pode ter diferentes funções. Ela pode ser, como lembra muito bem Gordon Wheeler,[7] resistência ao contato, enquanto o grupo vive um nível muito alto de ansiedade; canal de contato, na espera que cada um encontre o seu jeito de ser no grupo; estilos de contato, na procura de um processo de individuação e diferenciação, ou distorções de contato pela incapacidade de percepção de cada indivíduo do que ocorre no grupo naquele momento[8].

Temos de passar do conceito de resistência como resistência ao contato para resistência à *awareness*. É a *awareness* que qualifica o contato. Tratar as diversas formas de contato em si é agir sintomaticamente. É a *awareness* que organiza o campo, que sinaliza o processo, que leva à intencionalidade transformadora. Isso significa estar sempre à cata do processo enquanto movimento polar, enquanto tentativa de organização do campo comportamental.

4. Mudança: uma relação figura-fundo

Toda *awareness* envolve contato, mas nem todo contato envolve *awareness*. O contato funciona como um toque no outro, no ser. O contato envolve uma percepção da realidade, envolve um encontro com a mesma, mas não necessariamente uma mudança no campo comportamental. A mudança só ocorre quando ao contato se segue a consciência de sua totalidade, quando a consciência se dobrou sobre si mesma, ultrapassando a fase de contato. Quando desaparece a resistência, houve mais que contato, houve iluminação.

O grupo resiste a si próprio quando ele se desconhece a si próprio, quando ele não tem a sua dimensão enquanto relação *self*-grupal e ambiente, quando a ansiedade impede a percepção de suas tentativas de auto-organização.

A proposta de qualquer terapia é ampliação da *awareness*, que conduz à mudança e ao crescimento. Crescimento contém algo estrutural, algo que se conserva como uma realidade em permanente transformação.

O processo de crescimento não é centrado na figura e sim no fundo, embora ambos coexistam dinamicamente, e é o seu suceder-se, como expressão de um contato entre sujeito e mundo, que permite o crescimento.

Estamos falando que o fundo tem ontologicamente uma característica de mais estabilidade, enquanto a figura parece também ontologicamente mais fadada à mudança, à instabilidade.

Embora saibamos que figura não existe sem fundo, e vice-versa, e que um possibilita a existência do outro, o fundo parece dotado de uma maior solidez e consistência, podendo a figura criar-se e recriar-se no fundo ou através dele.

Esse fato é importante tanto na construção de uma teoria de personalidade quanto para a compreensão de qualquer processo dinâmico do crescimento.

No grupo, por exemplo, a figura é o grupo como tal. A cada momento ele é diferente, alegre, triste, crítico, confluente, protetor, etc. Muitos desses estados podem ser identificados e vistos. A figura está sempre mudando em um fundo, os membros do grupo, que aparentemente estão ali, sendo os mesmos. Fundo e figura têm suas características próprias, têm sua identidade, mas tal fato não impede que ambos constituam uma única e mesma realidade sob observação, o organismo.

"A finalidade do organismo, a propósito do contato, é balancear e integrar o crescimento — a mudança — com a conservação da estrutura do fundo. Não existe crescimento sem conservação (sem que uma parte seja preservada), porque não existiria nada para crescer; de outro lado, também a mudança, sem um considerável elemento de conservação, seria uma clara perda e não crescimento, assim como também não pode haver conservação sem crescimento, sem assimilação/acomodação, e organização de um novo material, porque, sem esse processo de alimentação, o organismo morre."[9]

O autor afirma a idéia da importância maior do fundo sobre a figura. Talvez pudéssemos dizer que o fundo está mais ligado à conservação do indivíduo e a figura ao seu crescimento, à sua mudança. Uma árvore só pode dar ramos, se já existir o tronco. É como se o tronco fosse o fundo, o qual se conserva mudando-se através da figura, sempre em crescimento, através de novos ramos. As folhas caem, os ramos secam, mas o tronco permanece aparentemente o mesmo.

Esse conceito de fundo como algo mais consistente, tem implicações diretas numa concepção de personalidade ou de uma teoria da personalidade. Qualquer teoria da personalidade tem que ter um *substratum*, algo que organize dinamicamente as manifestações dessa realidade interna. Uma teoria de personalidade centrada na figura corre o risco da perda da solidez e continuidade. Tal afirmação não implica uma dicotomia entre figura como algo isolado de fundo, mas apenas na afirmação de que fenomenológica e metafisicamente (parecem até polaridades) o fundo é algo que, de certo modo, contém a si próprio e a figura. Um não existe sem o outro, mas é como se o fundo garantisse a maleabilidade e potencialidade da figura.

Essa analogia tem a ver com o processo grupal.

Estamos falando de conservação e crescimento e que ambos são necessários ao desenvolvimento do ser humano. A questão é saber como o campo se organiza se conservando e se mudando. A força permanente do crescimento é o contato e a garantia de que esse contato produzirá mudanças é a *awareness*. Conservação e crescimento são funções do contato. O processo de mudança se coloca entre os dois pólos: crescer e conservar-se. A resistência também se coloca entre esses dois processos e ela também se conserva e cresce na razão em que as necessidades do grupo são negadas ou assumidas.

Tudo, na realidade, ocorre em um campo comportamental, onde as relações se fazem, se combinam e se perpetuam. Os conceitos de contato e fronteira do contato supõem sempre que tanto indivíduo como grupo se encontram em um dado campo unificado, composto pelo sujeito e o mundo que o cerca.

Perls é claro quando diz: "Nenhum indivíduo é auto-suficiente. O indivíduo só pode existir em um campo comportamental. O indivíduo é, inevitavelmente, a todo momento, parte desse campo, que inclui ele e o ambiente. A natureza do relacionamento entre ele e seu ambiente determina o comportamento do ser humano. Nessa visão, ambiente e organismo estabelecem uma relação de maturidade de um para um o outro."[10]

5. Os modos da resistência

A resistência pode ocorrer a qualquer momento no grupo e em qualquer direção. Nesse sentido, o grupo poderia resistir ao trabalho terapêutico em si, a alguns dos seus componentes e ao próprio terapeuta. É importante que se procure sempre identificar que tipo de desejo, de necessidade e *feelings* o grupo está vivendo.

O terapeuta deve estar atento, sobretudo, à sua própria atitude, nutrindo o grupo sem criar dependência, desmistificando seu papel para facilitar o crescimento do grupo que passa a assumir seu próprio processo. Deve estar igualmente atento às resistências camufladas, que podem ser sinalizadas por um grupo nutritivo demais, compreensivo demais, seguro demais, um grupo-mãe, onde a figura do terapeuta (homem ou mulher) passa quase despercebida. Nesse caso, o campo comportamental possivelmente está vivendo um momento de confluência por causa de uma provável ansiedade ou do medo a serem evitados.

As resistências do grupo assumem as mais variadas formas, como resistência ao crescimento, ao término do grupo, resistência a qualquer tipo de mudança, sem falar das formas clássicas de *acting outs*, bode expiatório, complacência com um determinado membro, silêncios, atrasos, a própria forma de condução do grupo, onde uma condução muito passiva pode gerar ansiedade e uma muito ativa pode inibir o desenvolvimento e crescimento do grupo.

Estamos trabalhando fenomenologicamente. Isso significa que a resistência, sua escolha e manutenção fazem parte da escolha existencial do indivíduo ou do grupo, sem falar dos aspectos não conscientes dessas escolhas e de sua própria manutenção como algo protetor e provedor de equilíbrio.

O achegar-se à resistência tem que obedecer a toda uma questão de temporalidade, espacialidade das escolhas e seu tipo de contato com a realidade. Trabalhar fenomenologicamente a resistência significa estar junto e esperar pelo sinal, criando uma atmosfera de abertura, de aceitação, de não crítica, que permita ao sujeito e ao grupo caminhar com seus próprios pés e entrar no seu mistério no tempo e na hora que lhes parecer adequado. Nesse contexto, o terapeuta tem que ser transparente, identificado com o processo do grupo, presente, disponível. Nesse contexto ainda, é importante que o terapeuta não se sinta dono do grupo, mas que todos trabalhem a resistência. As reações em cadeia, o espelhamento dos processos permitirão, numa atmosfera aberta, que os próprios membros do grupo façam, muitas vezes, intervenções cheias de sabedoria e eficácia. A resistência pode e deve ser trabalhada por todo o grupo.

No trabalho com a resistência, o terapeuta pode trabalhar no nível intra e interpsíquico ou com ambos ao mesmo tempo, tomando o grupo como um todo, embora, em todos esses casos, deva estar também atento ao processo grupal como um todo. De outro lado, o terapeuta deve estar atento a não considerar indiscriminadamente toda e qualquer resistência como sendo algo só do grupo.

Figura e fundo, esta é a realidade grupal. Ambos estão ali, ora mais um, ora mais outro, mas jamais um no lugar do outro ou um contra o outro. A postura de ver sempre o grupo como um todo pode provocar, às vezes, nos seus membros a sensação de não pertencimento, de perda da individualidade dentro do processo. Tal fato, além de poder provocar uma perda da coesão grupal, pode tornar o grupo dependente e agressivo pela perda de seu poder criador e renovador. Qualquer tipo de determinismo psicológico tem que ser evitado a todo custo.

Resistir é sempre fruto de uma necessidade interna, de uma deficiência na visão do que significa nossa totalidade. Pensamos que a resistência pode e ajuda a manter o equilíbrio no grupo e nos indivíduos e que, quando tratada prematuramente, pode provocar regressões em pessoas mais frágeis e, no grupo, provocar medo e ansiedade, diante da possibilidade de ter que lidar com um instrumento cujo manuseio é ainda ignorado ou temido. A resistência é sempre uma situação de compromisso e tem, pois, que ser respeitada, cuidada.

"Em vez de procurar remover a resistência, é melhor colocá-la em foco, assumindo a posição de que, na melhor das hipóteses, uma pessoa cresce através da resistência e, na pior, a resistência é uma parte de sua identidade."[11]

A resistência é uma força, uma energia e, ao mesmo tempo, um instrumento de controle de uma realidade difícil, pois ninguém renuncia facilmente a algo que aparentemente lhe traz benefícios. É preciso ver a pessoa e o grupo como um processo, dentro do círculo de contato e ali perceber como a pessoa e o grupo se autobloqueiam. A resistência não é jamais algo contra o indivíduo ou grupo, mas algo do indivíduo ou grupo, embora ambos, no processo resistencial, se comportem sem um verdadeiro sentido de sua totalidade.

Polster chama os diversos mecanismos de controle da energia, ou mecanismos de defesa, como "comércio da resistência". A grande questão é o que se está trocando, por que e para quê. Isso só ocorre, se conseguirmos ver o processo da resistência como um processo de totalidade, permanentemente à busca de uma consciência transformadora.

A resistência pode dar à pessoa uma sensação de realidade. Tanto no construir a resistência quanto no desfazê-la, a pessoa vai adquirindo posturas que antes não possuía. Isso não significa que vai deixando de ser ela, mas, antes, que vai se tornando nela, ao seu modo. Não se pode tirar a resistência de alguém pensando que ela recuperará sua natureza, seu *self* primitivo e original. Ninguém retorna exatamente onde já esteve alguma vez. Somos totalmente novos a cada momento que passa.

Não ocorre reestruturar apenas a personalidade. A reestruturação é do sentido da vida. Eu sou e estou no mundo.

O grupo dá esse sentido de estar no mundo, de se sentir relacional, de providenciar a esperança de não se sentir sozinho.

"Sem resistência, o organismo mergulharia no fundo. Sem resistência, o organismo morrerá. Sem fronteiras, o organismo não poderá sequer ser visto."[12]

Projeção, introjeção, retroflexão, deflexão, confluência são processos que apenas simbolizam uma realidade maior contaminada pela relação ego-ambiente. Esses processos podem ocorrer tanto em nível individual quanto grupal, apenas sendo este mais complexo por acontecer em um campo comportamental mais amplo.

6. O terapeuta resiste

Antes de terminar este capítulo, creio ser importante falar da resistência do terapeuta que também pode assumir variadas formas, como interpretações constantes e históricas que afastam o grupo de um contato imediato consigo próprio, postura de endeusamento, evitando críticas e tentando manter os membros do grupo nos seus devidos lugares, privilegiamento de temas ou pessoas no grupo, abandono de temas ou pessoas que passam a acirrar contradições dentro do grupo, tornando-se defensivos com clientes resistentes. No entanto, é bom lembrar que resistência é uma palavra do terapeuta e não do cliente. Este simplesmente funciona, e basta.

Não é preciso lembrar que todas essas atitudes são posturas contratransferenciais que têm que ser analisadas, sob pena de um processo autodestrutivo se instalar no grupo.

R. Hycner faz algumas ponderações que me parecem importantes. Ele diz que defesa atrai defesa, que resistência encontra resistência e que um dos problemas da terapia é o terapeuta ver a resistência apenas como uma coisa do cliente e que nada exacerba mais a resistência do cliente do que a resistência do terapeuta, ao mesmo tempo que poderá criar um profundo impasse terapêutico. Esse autor continua dizendo que a relação é fator central em qualquer terapia, sobretudo quando se trata de processo envolvendo resistência, e que o grande desafio é estabelecer contato exatamente no ponto da resistência, ou seja, onde ela trabalha mais fortemente, porque é aí que a cura poderá ocorrer, pois é também aí que a pessoa se acha mais ferida, mais frágil.[13]

O terapeuta de grupo, querendo ou não, se transforma no objeto transferencial por excelência. Ele é visto, é sentido, é amado, é desejado, é odiado, independentemente de sua abordagem. Ele, por mais cristalino que seja, é sempre uma figura misteriosamente poderosa. Tal fato independe da prática terapêutica dos membros do grupo. Ele é simbolizado, fantasiado sempre, independentemente de para quais direções caminham essas fantasias. De um modo geral, o grupo lhe credita competência, dedicação, sensibilidade, capacidade profissional.

Tudo isso é função do contato, da relação humana que se estabelece. Humana, porque sem esta, a terapêutica não se faz ou, se se faz, será, provavelmente, inócua e, às vezes, desastrosa.

Diante de tudo isso, está aberto um imenso campo para as resistências do terapeuta pouco observador, pouco preparado, pouco estudioso e até imaturo.

É natural que surjam movimentos contratransferenciais no terapeuta. Ele é humano, não uma máquina, mas será máquina todas as vezes que, esquecendo-se de que a terapia se centra na relação, agir como se o outro não existisse, tentando de qualquer modo substituí-lo. Isso as máquinas fazem muito bem.

7. Conclusão

Todo ser humano é um verdadeiro dínamo transformador de energia. A resistência é uma energia psíquica tentando transformar a realidade interna do indivíduo e do grupo.

O trabalho terapêutico é uma tentativa permanente de transformação de energia. Onde existe uma necessidade, aí há uma energia tentando transformar-se em outra mais nutritiva e apropriada. Essa troca só ocorrerá quando uma valência maior se tornar presente, pois ninguém muda de um lugar para outro se esse lugar não apresenta benefícios concretos, se não indica caminhos mais firmes e seguros.

Sair da resistência significa aceitar o risco de estar vivo. Essa troca envolve uma visão de mundo mais e menos ameaçadora. O indivíduo e o grupo, portanto, devem perceber que uma nova equilibração energética entre o *self* e o mundo valem a pena. Somente quando a realidade se autodefine claramente a mudança se faz possível. Somente quando o campo é visto e sentido como uma totalidade produtora de energia a mudança se torna possível, porque as polaridades passam a ser vistas não como algo estático, e sim dinâmico, pois, quando a energia flui de um pólo ao outro, a vida ressurge em plenitude, o medo é abandonado ou deixa de ser paralisante.

Quando o grupo se auto-regula, passa a ser saudável, pois a resistência é exatamente a interrupção da energia vital em algum ponto do ciclo de contato, que é também o ciclo de vida de cada um.

Vemos contato e *awareness* numa linha contínua, indo a consciência além do contato, pois contato e *awareness* são os dois processos básicos de regulação e organização do espaço vital de cada um e do grupo como um todo.

Fritz Perls dizia que as resistências têm um lado positivo e um negativo e que temos de vê-las também nessa dimensão de positividade, passando do sintoma ao processo de organização do campo.

Perls distinguia estes dois lados dizendo:

"*Projeção*: Habilidade de separar uma parte do *self* de outra ou de dar um salto de empatia no universo da outra pessoa, enquanto imagina que isto pertence a ele.

Introjeção: Capacidade de prover uma nova idéia, capacidade para memorizar.

Confluência: Capacidade de separar as diferenças e existir cooperativamente, viver em grupo, dar e fazer sexo.

Deflexão: Capacidade de ignorar provocação, de escolher as próprias batalhas, de adiar algum conflito negado.

Retroflexão: Capacidade de cuidar do outro."[14]

Resistir não é fácil, deixar de resistir, mais difícil ainda. Escrever sobre resistência é algo transformador, enquanto põe em xeque todos os conteúdos do escritor. Isso ajuda o terapeuta e escritor a se ver no mundo como um ser que resiste e o convida, a todo instante, a deixar esse lugar e a entrar no campo da esperança, da crença de que todo ser humano é, por excelência, um ser transformador e em transformação. Acreditar nisso e experienciar isso é o processo-chave de lidar com a resistência.

Nem sempre os conflitos terminam, quando são olhados de frente, mas olhá-los de frente, no mínimo, significa lidar com a sombra, com a nossa sombra sem intermediários.

Referências Bibliográficas

1. Polster, E. e Polster, M., "Therapy without resistance: Gestalt Therapy" (1976) *in*: Burton, H. (org.), *What makes behavior change possible?* Nova York, Brunner/Mazel/*in* Breshgold, p. 75, 1989.
2. Breshgold, p. 91, 1989.
3. Novo Dicionário Aurélio. Palavra: "*Resistência*" 1ª ed., 8ª impressão, p. 1223.
4. Yontef, *in* G.M. "Mediocrity or excelence: an identity crisis in gestalt therapy training" (1981), *in* Breshgold, E., p. 41, 1989.
5. Kempler, W., 1974, pp. 64-68.
6. Wheeler, G., 1991, p. 113.
7. Perls *et alii*, 1951, p. 270, *in*: Wheeler, G., 1991, p. 112.
8. Conf. Wheeler, G., 1991, p. 123.
9. Conf. Wheeler, G., 1991, p. 129.
10. Perls, F., 1973, p. 16.
11. Polster, M., 1979, p. 63.
12. Conf. Wheeler, G., 1991, p. 111.
13. Hycner, R., 1991, pp. 21-23.
14. Perls, F., *in*: Wheeler, G., p. 108.

CAPÍTULO VIII

TRANSFERÊNCIA E CONTRATRANSFERÊNCIA GRUPAL

1. Introdução

Na transferência, o cliente está, de novo, tentando fazer um ajustamento criativo, e, de novo, aqui existe uma confusão entre figura e fundo, de tal modo que sua consciência se sente impedida de procurar claramente a fonte de seu conflito original por causa do medo da dor e do sofrimento, que o fizeram ajustar-se inadequadamente.

Diversos são os modos como as pessoas se relacionam. O contato é função de uma maior ou menor aproximação. Enquanto seres biopsicossociais e espirituais, a aproximação ocorre nesses quatro níveis, os quais podem ser experienciados mais ou menos profundamente na razão em que os mecanismos internos das pessoas confluem ou colidem.

A aproximação e vivência do outro ou com o outro do ponto de vista biológico, psíquico, social ou espiritual ocorrem tanto em nível individual quanto grupal.

Nesse sentido, podemos dizer que os laços biológicos ou espirituais que unem determinado grupo sugerem, por exemplo, um alto grau de coesão e identidade grupal ou o contrário.

Quando falamos de transferência ou contratransferência individual ou grupal, queremos dizer que podem existir, na pessoa e nos grupos, movimentos, atitudes que escapam ao controle consciente do eu. Fenomenologicamente, não podemos falar de transferência ou contratransferência em Gestalt-terapia, enquanto uma repetição completa e *agora* de conflitos infantis não resolvidos.

Fenomenologicamente, o que está acontecendo agora está acontecendo *agora* e tem que ter explicações *agora*. Não podemos, pois, dizer que o que estamos vendo e sentindo não estamos vendo e sentindo, pois seria negar a realidade como tal e pôr em dúvida o pressuposto básico de que a percepção da realidade, teoricamente, é sempre adequada. Admitir o contrário seria admitir a impossibilidade da certeza e da verdade.

Falar em transferência ortodoxa é falar que o que vejo e sinto não é o que vejo e sinto, e sim que vivencio em alguém um meu introjeto que ele apenas faz despertar em mim. A transferência ortodoxa do ponto de vista fenomenológico é, portanto, a negação da possibilidade do contato e da experiência imediatas. É afirmar que existem contato e experiência, mas que são um reflexo de algo que não está inteiramente ali. Ele não é ele, é um lugar, uma tela.

Como a consciência, no entanto, é sempre consciência de algo, temos de admitir que o que o cliente sente com relação ao terapeuta é verdade e que ele é responsável por essa experiência. Essa experiência, no entanto, tem duplo aspecto, enquanto o cliente percebe mais ou menos o que a coisa realmente oferece. Ele vive *com* o terapeuta aquilo que é real agora e vive *através* dele seus possíveis introjetos infantis ou experiências de sofrimento mais antigas, também agora.

Este capítulo estuda a transferência e a contratransferência nesses dois aspectos: enquanto experiência com o terapeuta e através dele. No primeiro nível, o terapeuta é figura, no segundo, fundo. O contato, nesse caso, passa necessariamente por esses dois parâmetros.

É importante lembrar, em todo este capítulo, que não nos referimos à palavra "transferência" no sentido freudiano, e sim ao processo que ela representa, enquanto uma perturbação na fronteira do contato cliente-terapeuta, onde algo é transferido, de algum modo, de um lugar a outro, perturbando a auto-regulação eu-mundo.

Em toda terapia existem elementos não conscientes. A terapia trabalha esses elementos, no chamado *processo de transferir*. Se em toda transferência existe um elemento de resistência, em toda transferência existe uma tentativa de um ajustamento criativo, enquanto o terapeuta é figura de um processo que originalmente foi causa de dor e confusão. Vivenciar tal dor através do terapeuta e com ele é o único caminho para se ter acesso a um fundo causador da dor e do sofrimento.

O terapeuta procederá fenomenologicamente quando, percebendo que ele é vivido pelo cliente como figura, trabalha metodologicamente através do que, como e quando, no sentido de facilitar ao cliente reverter o processo, remetendo-o às verdadeiras causas de seus problemas. A consciência se interpõe entre a figura e o fundo e uma Gestalt clara surge como facilitadora da mudança.

Estamos, portanto, chamando de transferência o processo através do qual o cliente ou o grupo transferem, no presente, sentimentos antigos não conscientes para a pessoa do terapeuta, grupo ou membros do grupo, numa tentativa de se ajustar criativamente a uma situação presente por causa do medo da repetição de conflitos causadores de dor e sofrimento. Existe, nesse caso, uma desfocalização do processo figura-fundo, de tal modo que a consciência capta como totalidade algo que é apenas parte do problema. O *self* aciona o eu, que, por sua vez, age em defesa daquele.

A transferência à figura, portanto, do ponto de vista fenomenológico, é o processo através do qual alguém atribui qualidades pertencentes ao fundo, reagindo assim dessincronizada, atribuindo ao aqui e agora propriedades pertencentes ao lá e então. É ainda o processo através do qual identifico em alguém, aqui e agora, semelhanças com pessoas do meu passado, passando a reagir inconscientemente com esse alguém da maneira como eu gostaria de ter agido no passado, em um duplo movimento: 1. Satisfazendo necessidades negadas no passado, boas ou más, e 2. Predispondo-me, aqui e agora, a não permitir sofrer, de novo, com a pessoa em questão as mesmas emoções que, no passado, foram causa de dor e sofrimento e contra as quais não pude fazer nada, provocando um desequilíbrio posterior.

Tais sentimentos podem ocorrer entre pessoas de qualquer grupo, entre pessoas e o terapeuta, entre o grupo como um todo e o terapeuta.

Entendemos também que o conceito de inconsciente, em Gestalt-terapia, é substituído pelo da relação figura-fundo-*awareness*, como processo ocultador e, potencialmente, revelador dos conflitos do *self*, enquanto instância que filtra e dinamiza os processos do eu.

Consciente e inconsciente não criam uma relação de polaridade ou de atemporalidade e sim apontam processos que indicam perturbação, no presente, das relações do contato na fronteira do agir humano, eu-mundo.

A relação humana, portanto, é simbólica e real, e é contaminada pelo mundo de vivências internas e externas das pessoas, de modo que o processo de comunicação entre elas passa necessariamente pelos mesmos parâmetros.

Os grupos terapêuticos oferecem um vasto campo aos processos não conscientes, tanto da parte do cliente quanto da do terapeuta, dado o lado emocional que constitui uma de suas características básicas, pois as pessoas se reúnem com o específico objetivo de se conhecerem melhor, de crescerem e de vivenciarem vicariamente a realidade dos outros.

No grupo, a procura sistemática da própria realidade passa necessariamente pelo conhecimento e contato com a realidade do outro. No grupo, ninguém cresce sozinho. O crescimento é função de contato e o contato é função da abertura que cada um experiencia com a realidade.

2. Natureza da transferência e contratransferência

Os processos transferenciais e contratransferenciais são perturbações na fronteira do contato que impedem o crescimento da relação humana e, especificamente, terapêutica. Embora sejam conhecidos como processos que ocorrem durante a análise individual, podem ocorrer também em grupos terapêuticos de qualquer natureza, bem como nas relações entre qualquer pessoa, sobretudo aquelas entre as quais existem laços mais próximos e afetivos. A natureza desses processos é sempre a mesma, bem como sua gênese e finalidade, variando de pessoa para pessoa. Aqui, porém, interessa-nos seu estudo na relação terapêutica.

De maneira simples, a transferência é feita de movimentos, afetos e emoções não conscientes que o cliente sente em relação ao terapeuta. As contratransferências são esses mesmos movimentos não conscientes que o terapeuta sente em relação ao cliente.

No caso do grupo, esses sentimentos podem ser relacionados ao terapeuta, a um membro do grupo ou ao grupo como um todo. Do mesmo modo, o terapeuta pode ter esses sentimentos dirigidos a uma pessoa específica ou ao grupo como um todo, que é vivido por ele como se fosse uma só pessoa.

No caso ainda de um membro do grupo, a transferência é vista como uma resistência ao tratamento, como um medo não consciente de se aproximar do núcleo neurótico ou zona traumática e ter, conseqüentemente, de abandonar defesas que o protegem da ansiedade. O terapeuta é usado inconscientemente como desvio possível do lugar original do conflito. Essa atitude representa a repetição de um conflito novo ou antigo, introjetado. A pessoa vive com e através do terapeuta ou colegas do grupo complexas vivências, algumas delas ligadas originalmente aos pais ou pessoas significativas e atualmente a pessoas causadoras de ansiedade.

Esse processo transferencial é uma compulsão de repetição e é o equivalente a uma Gestalt inacabada, cujo movimento dinâmico de retorno é o equivalente ao conceito de figura e fundo. De fato, terapeuta e objeto introjetado se confundem e ora um, ora outro sai do âmbito do fundo e é projetado na tela da consciência, colocando todas as defesas do eu em posição de ataque. Assim como no processo gestáltico da percepção de figura e fundo, o organismo tende a sistematizar sua percepção, assim também no processo terapêutico, terapeuta e introjeto tendem a ser percebidos distintamente, embora, por uma questão de solução precoce do conflito, cliente e terapeuta se sobreponham, como figura e fundo, à procura de um ajustamento do campo perceptual.

Onde existe uma transferência, aí existe também uma Gestalt e necessidade inacabadas e, conseqüentemente, uma perturbação na fronteira do contato pela não satisfação da necessidade.

Uma outra questão teórica é: por que ou como surgem no terapeuta os movimentos contratransferenciais. No cliente, concordamos que se trata de uma repetição de uma situação anterior agora transferida e vivida no terapeuta, já que ele não se opõe, não pune e até facilita o surgimento desses movimentos, o que facilita ainda mais a escolha do terapeuta como objeto transferencial.

A contratransferência é uma Gestalt inacabada, algo não consciente, introjetado, que tende a tornar-se figura sempre que forças não conscientes movimentam o fundo no sentido de sua emergência. O introjetado é algo que ultrapassou a barreira da consciência e se escondeu na terra do sem limite, o inconsciente, negação de possibilidade de *awareness* entre figura e fundo. A sua análise é o restabelecimento das fronteiras do eu com o mundo que o cerca, onde o contato perde seu viés e recupera a direcionalidade que é própria do processo consciente.

A contratransferência é uma reação no terapeuta de algo que é dele e do cliente, mas que o terapeuta não experiencia como tal e cuja compreensão o ajudará a perceber o lado do mesmo problema negado no cliente. O terapeuta, por exemplo, se sente ameaçado pelo cliente, tem medo dele. É possível que essa reação faça parte também da experiência do cliente, enquanto ele tinha medo do seu pai ou do próprio terapeuta, ou seja, o conteúdo da contratransferência pode ser também algo que pertence ao mundo não consciente do cliente.

A contratransferência tem, pois, algo real: o cliente se comporta de tal modo que, de fato, produz medo no terapeuta. Tem algo ideal, simbólico: o terapeuta, por causa de seus medos infantis, termina exagerando, aqui e agora, seu medo do cliente, como forma de resistência, de autoproteção contra a ameaça que o cliente representa para ele e como um ajustamento criativo, ainda que inadequado, à situação presente. Esse é o fenômeno em ação.

A contratransferência, portanto, é um processo que ocorre *com* o terapeuta e *através* do cliente.

Experienciar esses dois aspectos do contato transferencial e contratransferencial, seus lados consciente e não-consciente, permitirá ao cliente e ao terapeuta fechar definitivamente suas Gestalts inacabadas.

O fenômeno, nesse caso, é a relação entre cliente e terapeuta e tem um duplo aspecto: real e simbólico. E, para não deixar dúvidas de nossa percepção fenomenológica, acrescentamos que toda realidade possui símbolos e que todo símbolo possui realidade. A totalidade fenomênica nos persegue. Não se pode escapar dela.

"Tanto o terapeuta quanto o cliente estão um diante do outro como pessoas reais, produzindo reações um no outro. A saída da situação real e objetiva para uma experiência do passado constitui, sem dúvida, uma fuga do real. É, entretanto, a ansiedade e o medo dessa realidade presente ou a ignorância dela que levam ambos para o passado."[1]

A atitude permissiva, não diretiva, não punitiva do terapeuta, é vivida pelo cliente como uma manifestação de interesse, de rico calor humano, de amor. Essa situação nova desperta sua capacidade de amar projetando no terapeuta e nas pessoas à sua volta uma nova atitude com relação à vida, sem os traumas que o levaram, no passado, a coibir seus desejos proibidos ou sentidos como tal.

A elaboração de um determinado tipo de transferência ou contratransferência vai depender das relações e reações de contato que se estabelecem no grupo. A postura de aceitação, de diálogo direto e claro entre os membros do grupo facilitará a passagem do impulsivo ao real, do simbólico ao experiencial, do fundo à figura, do antigo a um novo criativo, do retrofletido à figura libertadora.

Em Gestalt-terapia, portanto, a transferência é vista e definida como uma perturbação na fronteira do contato, impedindo o cliente de perceber o presente tal como ele acontece. A experiência imediata escapa ao controle ou à influência direta da consciência por causa dos mecanismos de regulação organísmica, sobretudo projeção, introjeção e confluência que, nesse caso, perturbam a imediatez da experiência consciente.

Qualquer experiência humana é sempre uma tentativa de satisfação das próprias necessidades imediatas. Aqueles mecanismos provocam uma dificuldade de identificá-las e satisfazê-las, enquanto distorcem o contato entre a pessoa e a realidade que a cerca, criando um ajustamento falso, que, apenas momentaneamente, satisfaz a necessidade, mas deixando inacabado o desejo.

Aqui, portanto, fenomenologicamente, duas posições se tornam possíveis. De um lado, a consciência acontece aqui e agora. Isso significa que não se pode chamar transferência ou contratransferência, ao menos no sentido freudiano, toda e qualquer implicação emocional entre terapeuta e cliente, e cliente e cliente, pois quanto mais centrada é a relação na objetividade e realidade do aqui e agora, tanto menos ocorrerá o fenômeno transferencial. O primeiro passo, pois, é reconhecer o que de real existe nas relações terapêuticas grupais, reconhecer se existe uma relação de causa e efeito, perceber a realidade como um todo e verificar se a reação corresponde à ação e que tipo de contato está ocorrendo no grupo. Muitas vezes, estamos diante de emoções reais, onde o contato é adequado e o que se tem a fazer é ir de encontro à realidade tal qual se apresenta. Não existindo, portanto, uma perturbação na fronteira, existirá encontro real, o que não ocorre na transferência.

Do outro lado está o comportamento transferencial inacabado, simbólico. A realidade está oculta na aparência da palavra, do gesto. Existe uma perturbação na fronteira do contato e o que parece ser não é ou é, sendo diferente. Aqui o desencontro está presente. Existe uma confusão ou uma fusão entre passado e presente, entre figura e fundo, uma fusão na fronteira ou de fronteiras. Esse é o fenômeno, aqui e agora. Misto de realidade e símbolo. Esse é o dado que nos atrai e que nossa percepção fenomênica nos mostra. Não cabe aqui nenhum tipo de interpretação e sim esperar que o fenômeno se transfenomenalize e a claridade da Gestalt surja, deixando que o processo grupal ocorra, flua livremente.

Dependerá do terapeuta, de sua experiência, da sua perspectiva ou modelo teórico, o modo como conduzirá a análise dessa perturbação na fronteira do contato. Por exemplo: o cliente diz que não se sente seguro no grupo. Tal fato provoca em todos, inclusive no terapeuta, uma sensação de se sentir inadequado ou desapontado, porque o cliente não percebe quão próximo o grupo se sente dele.

O terapeuta terá algumas saídas: 1. Entende que o cliente está dizendo que ele, terapeuta, o faz ficar inseguro; 2. Entende que o cliente está dizendo que alguém no grupo o ameaça, como algum membro de sua família de origem; 3. Entende que o grupo, como tal, o ameaça como sua família de origem; 4. Entende que alguém ou o grupo o ameaça de fato, aqui e agora, independentemente de qualquer simbolismo.

Dependendo da experiência do terapeuta, cada uma dessas posições conduzirá a trabalhos completamente diferentes. É importante proceder fenomenologicamente com qualquer dos modelos previstos, ou seja, proceder à compreensão da transferência no aqui e agora grupal. Por mais que o cliente transfira, o grupo está ali e ele está reagindo a um grupo real e, como a consciência é sempre consciência de alguma coisa, também ali se encontram elementos ou processos reais que o amedrontam.

Dado que a transferência é uma compulsão a repetir, o cliente usa, portanto, a introjeção, enquanto compara inconscientemente o grupo a uma situação antiga onde ele não tinha poder de fazer as coisas diferentes. O introjetado se repete agora e ele não percebe. Usa projeção, enquanto atribui ao grupo algo que é parte de sua história e conflui, enquanto não discrimina situações historicamente diferentes, atribuindo a uma qualidades ou vícios da outra, ou simplesmente identificando-as. Vê-se, pois, que a fronteira de seu contato com o mundo fora dele está contaminada. Sua consciência é suficiente para perceber o fenômeno, mas não para reduzi-lo fenomenologicamente. Figura e fundo se fundem numa tentativa de uma auto-regulação organísmica.

Daí a importância de se tratar a transferência no aqui-e-agora do grupo, porque o aprendizado que se opera, unindo pensamento, ação e emoção, permanecerá após passar a experiência frustrante, pois estamos mais interessados no processo de evitação do que no que está sendo evitado.

A transferência sempre foi vista como uma resistência ao processo de cura, enquanto supõe, de um lado, uma espécie de divisão interna entre partes aceitas e não aceitas e, de outro, a projeção dessas partes não aceitas na pessoa do terapeuta ou de um membro do grupo, como se elas não lhe pertencessem. O conceito kleiniano de identificação projetiva expressa bem essa relação de perturbação do contato entre *self* e mundo. A resistência consiste no fato de que, nessa divisão de partes do *self* e nesse projetá-lo no outro, a pessoa convive com a negação de si mesma como se, de fato, pertencesse a outrem e, ao mesmo tempo, como que em um movimento intuitivo de autoproteção, empurra a parte negada cada vez mais para longe de si. A solução da resistência ou a saída do processo transferencial ocorrerá no momento em que o cliente puder reintegrar em si a parte negada, ou seja, o projetado é, de novo, introjetado, restabelecendo um contato inteiro entre as diversas partes do *self* e a realidade externa. Cessaria assim a perturbação na fronteira do eu pelo estabelecimento do contato entre as partes em litígio, pois sabemos que atrás de toda resistência existe uma retroflexão, uma violência que o sujeito faz a si mesmo em vez de fazê-la ao mundo fora dele.

Falamos anteriormente que a transferência pode ser múltipla, dirigindo-se a pessoas diversas ou até ao grupo como um todo. Os grupos oferecem a possibilidade de uma experiência imediata com várias pessoas. O grupo gestáltico, pela sua imediatez, pelo convite a experienciar, aqui e agora, o fenômeno, propicia um alargamento do horizonte consciencial. Tal fato faz com que a experiência do fenômeno transferencial possa ser vivida pelos componentes do grupo de uma maneira menos traumática, dado que as pessoas interagem mais livre e espontaneamente entre si, o que facilita uma passagem mais efetiva do simbólico ao real e um restabelecimento do contato verdadeiro.

Resistência e transferência grupais surgem da experiência anterior de cada um de seus membros, bem como do resultado das interações que se estabelecem no grupo, a partir das necessidades ali presentes.

Os membros do grupo produzem sua resistência, bem como o modo como transferirão ou farão circular suas experiências, de modo a se comportarem ambiguamente diante da experiência imediata um com o outro, criando empecilhos no contato entre fronteiras.

Esses processos farão surgir no grupo um *self* e um eu grupais, imagem de si mesmo e ação transformadora. A relação que se estabelecerá entre esses dois processos nos manifestará o processo que o grupo vive e experiencia, na procura de responder adequadamente às suas necessidades sem um ajustamento criativo frustrante e ineficaz.

Ocorre na transferência ou na identificação projetiva uma distorção perceptiva interna pessoal. O grupo poderá produzir uma complicada rede dinâmica de relações, dada a possibilidade de cada pessoa se identificar, negativa ou positivamente, com pessoas distintas, onde aspectos diversos se unem ou se juntam para formar o quadro referencial passado do cliente. O grupo pode ainda, dado o tipo de matriz que tenha formado, tentar continuar produzindo um mesmo tipo de material para se livrar de alguma ansiedade coletiva inconsciente, vivendo uma identificação projetiva confluente, onde a perturbação do contato ocorrerá exatamente através de uma distorção perceptiva interpessoal.

Nesse caso, o terapeuta fenomenologicamente orientado tenta perceber se a perturbação do contato está ocorrendo em função de algo presente ou em que medida esse presente é uma repetição do passado. De qualquer modo, esse processo ganhará muito, qualquer que seja sua gênese, se for trabalhado no aqui e agora do grupo. A resolução da transferência passa, como já dissemos, necessariamente pela análise dos mecanismos de perturbação do equilíbrio *self*/mundo, sobretudo projeção, introjeção e confluência. A resistência é chamada em causa, estudada e experienciada pelo grupo, não só no seu aspecto cognitivo, como afetivo-emocional.

A perturbação do contato ocorre na fronteira entre sujeito e sujeito, isso na vida e no grupo. Em ambos os casos, porém, ela ocorre aqui e agora e é evidente no momento presente. Podemos ver uma perturbação da fronteira do contato, quando duas pessoas entram em choque, ambas procurando satisfazer suas necessidades.

O processo transferencial é sempre uma perturbação em um campo, no qual pessoas procuram nutrição onde ela não existe ou existe de modo inadequado. Mesmo numa visão freudiana ortodoxa, quando o cliente entra em transferência com seu analista, ele está procurando, no presente, suprir suas necessidades de fixação infantil. Nesse sentido, no processo transferencial, existe sempre uma energia disponível, aqui e agora. Esse tipo de energia poderá identificar que tipo de perturbação está ocorrendo na fronteira do contato.

O conceito de auto-regulação organísmica é fundamental em Gestalt-terapia, especificamente estudando transferência, que é uma perturbação no sistema auto-regulador do campo psicológico.

Fritz Perls diz que "o organismo luta por manter o equilíbrio que é continuamente perturbado por suas necessidades e o recupera através de sua gratificação ou eliminação"[2].

Dinamicamente, o indivíduo e o ambiente ou o grupo como um todo formam um campo geográfico, onde as partes estabelecem uma relação de complementação, um todo, uma Gestalt. Esse campo, em seguida, passa a ser um campo psicológico com afetos e emoções, para, em seguida, de novo, se transformar num campo comportamental, onde a transferência grupal ou individual acontece.

O indivíduo é fundo em relação ao grupo que é figura, criando uma unidade dinâmica de ação e reação. A transferência é uma perturbação no equilíbrio dessa dinamicidade, enquanto inverte essa relação.

O contato perfeito envolve cinco momentos: eu comigo mesmo, o ambiente (o outro) com ele mesmo, eu com o outro, o outro comigo e nós dois juntos com o mundo. A quebra do contato pode ocorrer em qualquer uma destas instâncias. O contato pleno tem que ser experienciado em cada um desses subsistemas de maneira consciente. O contato pleno só ocorrerá quando cada elemento desse processo estiver consciente do outro e quiser entrar em contato com ele.

A quebra do contato acontecerá quando um desses subsistemas procurar satisfazer sua necessidade em uma fonte inadequada, ocorrendo, portanto, uma inversão do processo figura/fundo, com o fundo se sobrepondo à figura. Na resistência transferencial, o terapeuta aparece como figura, quando, de fato, é fundo, enquanto representa para alguém ou para o grupo uma fonte exclusiva de nutrição, quando ele é apenas parte de um processo. O contato real só ocorrerá e o equilíbrio só será restabelecido quando essa figura falsa, o terapeuta, voltar ao fundo, e o cliente ou o grupo puderem tirar do ambiente, o qual poderá, de novo, ser o mesmo terapeuta, uma nutrição adequada para sua necessidade, passando da fantasia à realidade.

No grupo ocorre freqüentemente que as pessoas se auto-regulem automaticamente, porque a matriz grupal pode ser também uma fonte espontânea de nutrição. Outras vezes, as pessoas poderão procurar essa nutrição de maneira clara e imediata. O grupo e seus membros abandonam a identificação projetiva, vencendo a resistência e trazendo o contato para dentro de fronteiras auto-reguladoras. Na resistência, portanto, existe uma quebra da consciência do campo regulador terapeuta/cliente ou grupo, o *self* não é experienciado como separado do ambiente (o terapeuta ou o grupo no caso), e as fronteiras entre o *self* e o ambiente confluem. A transferência e a contratransferência são uma interação doentia entre *self*, eu e ambiente, o que impede que essas partes se completem nutritivamente.

Na *projeção*, o cliente atribui ao terapeuta ou ao colega de grupo seu mundo interior sem percebê-lo, como se ele fosse uma tela, como diz Perls; na *introjeção*, o cliente faz contato com o mundo sem discriminar o que é seu e o que é dele, como se ele comesse o mundo sem que o mundo o soubesse, ou o mundo o comesse sem que ele soubesse, e na *confluência* deixamos de experienciar fronteiras e a sensação de um *self* distinto do mundo. O processo transferencial, enquanto fuga da experiência fenomênica imediata do introjeto causador da ansiedade, se aprofunda na razão em que grupo e seus membros evitem a *awareness* do aqui e agora.

No grupo, a relação transferencial ocorre de uma maneira mais complexa do que na terapia individual, porque no grupo podem acontecer, ao mesmo tempo, processos transferenciais diversos com pessoas diversas. Pessoas distintas podem estar vivendo com pessoas diferentes o mesmo processo de confluência ou estar vivendo diferentes processos de confluência, introjeção e projeção com as mesmas pessoas. A gama de possibilidades de perturbação na fronteira do contato é imensa e, conseqüentemente, também os processos de relação figura e fundo, que dificultam uma *awareness* experienciada plenamente, são mais dificilmente percebidos na sua dinamicidade.

Será a sensibilidade, a experiência e a visão teórica do terapeuta que determinarão sua postura e ação terapêutica diante de um quadro de transferência múltipla. Ele escolherá trabalhar o cliente intrapsiquicamente, considerando a sua dinâmica infantil, atuando através da compulsão à repetição no presente, escolherá trabalhar interpsiquicamente ligando um cliente a outro, examinando as relações intergrupais, ou, finalmente, entendendo que qualquer produção de alguém se refere ao grupo como um todo, trabalhará a transferência como um sintoma grupal.

A transferência é sempre uma perturbação na livre satisfação e funcionamento das necessidades, embora tenda a produzir, no presente, aquilo que Fritz Perls chamava de "auto-regulação neurótica". De fato, por causa de uma aparente normalidade na produção da emoção e afetos com a "pessoa certa", a sensação de adequado termina por produzir uma diminuição da *awareness*, impedindo o crescimento e o excitamento como expressão de energia vital.

Os grupos vão formando um estilo de expressar-se, como um corpo que cresce, e, ao longo de seu desenvolvimento, vai assumindo uma postura comportamental, retrato de seu mundo interior. O grupo é sábio e age com sabedoria, embora, muitas vezes, a utilização de certos mecanismos possa indicar imaturidade, falta de excitamento e crescimento. Uma das funções da análise do processo grupal consiste em identificar mecanismos que vão se estruturando, como uma postura corporal, ao longo da vida do grupo e de como intervir nesta estrutura.

Frew (1990) lembra que os grupos utilizam a introjeção, no seu começo, porque este é um mecanismo que está ligado à necessidade de orientação e dependência, usam a projeção, numa fase intermediária, porque, através desse mecanismo, o grupo lida com os problemas de poder e autoridade e, finalmente, nas fases finais, a confluência que mantém ou ajuda a manter a sensação de coesão e evita o término do grupo[3].

Esses mecanismos de equilibração organísmica regulam a ansiedade do grupo e servem de degrau ou até de suporte para que o grupo se aprofunde no seu processo relacional e consciencial. Num segundo momento, podem se tornar mecanismos neuróticos, porque rompem os laços de realidade e o indivíduo ou o grupo passam a lidar simbolicamente entre si. O campo comportamental perde suas características de realidade, enquanto as fronteiras entre seus diversos subsistemas se fundem ou se confundem na busca de fugir à ansiedade.

Toda análise do processo grupal tem que passar necessariamente por um primeiro questionamento, que é ver o comportamento como uma resposta a uma realidade factual, a um aqui e agora, onde o que se vê é exatamente o que o objeto mostra, para só então, quando a realidade do dado não se encaixar nos parâmetros de uma consciência imediata, partir para ver o fenômeno numa dimensão mais ampla de uma relação simbólica acontecendo também aqui e agora.

3. Conclusão

A transferência clássica é vista como um processo simbólico que ocorre entre o analista e o cliente. O cliente, por introjeções não trabalhadas de material antigo e que são causadoras de ansiedade, as projeta no terapeuta, que, nesse caso, é vivido como uma figura boa e, através do qual, o cliente pode reexperienciar esses mesmos introjetos proibidos sem os medos do passado.

Esses mesmos processos podem ocorrer em qualquer momento e em qualquer lugar, desde que a pessoa receptora simbolize essas necessidades negadas e que elas possam ser experienciadas nela.

No grupo de Gestalt-terapia, esses processos estão também presentes. Muda o modo como se procede à sua leitura. A Gestalt-terapia está atenta às necessidades das pessoas. É um processo dinâmico de permeabilidade entre figura e fundo. É um processo semelhante à compulsão de repetição. A contínua repetição de um processo é sinal de que uma figura quer emergir ou que algo do fundo quer emergir, tornando-se figura. Um ambiente sadio, reflexivo, permite que isso ocorra e as pessoas podem lidar com essas mesmas realidades inacabadas e antigas, permitindo que venham à tona, no calor do presente. Nessa situação, as pessoas podem tomar consciência do que é antigo e do que é novo na repetição e estabelecer um contato direto com a emoção e com a pessoa que, naquele momento, estimula seu aparecimento. O contato, portanto, é restabelecido, as fronteiras ficam claras e visíveis e cessa a perturbação nas mesmas. Tudo o que acontece aqui e agora está acontecendo aqui e agora, embora neste aqui e agora haja fragmentos do passado. A presentificação intelectual e emocional do fenômeno produz a *awareness*, que, por sua vez, restaura o equilíbrio perdido.

No grupo, como já dissemos anteriormente, a transferência pode ocorrer em diversas direções. A alteração de um sistema, pessoas ou fatos, implica necessariamente a alteração de outros. Mexer ou modificar um tipo de perturbação na fronteira (introjeção, projeção, confluência) significa uma alteração no campo total do grupo e da pessoa, pois o grupo é uma realidade holística e funciona como tal.

O terapeuta de grupo deve estar, pois, atento a essa totalidade dinâmica para colher, de momento a momento, o processo grupal como um todo. Sua leitura deverá, nesse processo, passar, necessariamente, pelos conceitos de figura e fundo e *awareness*, para entender e ajudar a elaborar as necessidades que o grupo vive, sinalizando sempre onde o contato com a realidade está quebrado, impedindo uma consciência intencional transformadora.

Referências Bibliográficas

1. Ribeiro, J. P., 1986, p. 95.
2. Perls, F., 1947, p. 7.
3. Frew, J., 1990.

CAPÍTULO IX

A CURA COMO PROCESSO GRUPAL

"A abordagem gestáltica que considera o indivíduo uma função do campo organismo-meio e que considera seu comportamento como reflexo de sua ligação dentro deste campo, dá coerência à concepção do homem tanto como indivíduo quanto como ser social." [1]

"Desde que o indivíduo e o meio são meramente elementos de um único todo, o campo, nenhum deles pode ser considerado responsável pelas doenças do outro, mas ambos estão doentes." [2]

Fritz Perls

1. Introdução

Nascemos em grupo, crescemos em grupo, adoecemos em grupos e nos curamos em grupo.

Assim como crescer é um processo complexo, complexo também é adoecer, é sarar, é curar-se. Quando se está doente e se é medicado, podemos imaginar os elementos químicos do medicamento reagindo com aqueles do organismo e alterando os diversos sistemas na procura de uma equilibração que permita uma energia nova funcionar plenamente. O medicamento é visível, a reação pode ser quimicamente medida. Tudo é visível. O bem-estar pode ser programado e previsto em questão de horas.

Isso não ocorre quando a mente adoece, quando o desequilíbrio se instala nos meandros da personalidade, quando a perturbação invade a mente, o corpo, a alma, criando um descompasso em que a harmonia organismo-ambiente se rompe, criando o caos existencial. Aqui é tudo invisível, como o dentro das coisas, e tudo escapa ao controle empírico, à meditação. É como se a doença física fosse uma questão de quantidade e a psíquica, uma questão de qualidade. Como tudo é uma coisa só, não existe doença física e doença psíquica, existe a pessoa humana que adoece, que sofre e que se cura. Como é difícil dizer os limites do físico e do psíquico, fica difícil dizer o que é saúde, o que é doença e, mais difícil ainda, dizer o que é curar alguém.

Tanto saúde como doença são processos não necessariamente polares e curar ou curar-se são também processos, embora de outra natureza, dado que parece envolver um princípio já ontologicamente estabelecido, que é aquele de que os seres se inclinam naturalmente para a auto-equilibração organísmica.

A compreensão do processo de curar e curar-se fica mais difícil quando pessoas que se dizem doentes ou com problemas psíquicos, emocionais ou afetivos, e que se sentem com dificuldade de trabalhar, de amar, de viver enfim, se reúnem em um grupo terapêutico com a finalidade específica de curar-se. No grupo, seus membros são os agentes ativos e passivos do seu próprio processo de cura.

O grupo se transforma num processo contínuo de cura, descobrindo, a cada momento, sua capacidade auto-reguladora e equilibradora, seu movimento intrínseco para a totalidade, funcionando como matriz de mudança, em que cada um de seus membros colhe, na atmosfera grupal, força para soluções de seus conflitos, compreensão do mistério do outro e garantia de que ninguém é e está só neste universo.

Estudando, portanto, alguns dos mecanismos de cura, vamos entender o emaranhado de processos que ocorrem no movimento do grupo em direção à saúde e de que modo a sabedoria da matriz grupal prepara e faz aflorar energias de cura.

2. Natureza da cura

O homem nasceu para ser saudável. Todo o organismo humano tende naturalmente para o equilíbrio. Existe no corpo um princípio regulador de auto-sustentação, um princípio teleológico que rege todas as leis nos corpos e que faz com que tendam naturalmente à perfeição.

O corpo é uma síntese misteriosa de energias várias, biológicas e psíquicas que, combinando-se entre si, produzem um ser inteiro, que é a expressão mais perfeita da unidade. Essa relação de energias caminha, não apenas biologicamente, mas ontologicamente, para a procura de sua autodeterminação e definição.

Essa pré-orientação organísmica para a equilibração que os indivíduos possuem, de certo modo, se exacerba na sua função reguladora quando o organismo se encontra na iminência de um desequilíbrio. A força quântica do grupo emana, em grande parte, dessa função auto-reguladora. O grupo, como unidade, como matriz, absorve essa energia auto-reguladora de cada indivíduo e a transforma em energia grupal auto-reguladora de cura. O que é propriedade dos corpos passa a ser propriedade do grupo.

O corpo está em íntima relação com o mundo. Precisa de água, sol, ar, contato. Essa pré-organização para o equilíbrio se rompe no momento em que se quebra a relação nutritiva entre organismo e ambiente. A recuperação desse equilíbrio perdido não é mágica, passa por uma revisão cuidadosa da relação corpo-ambiente.

Agir apenas sobre sintomas, quer sejam biológicos ou psíquicos, é dividir o que, por essência, é inteiro, é uno. É transformar o acidental no essencial, pois a cura sintomática é sempre uma ilusão, porque se esquece dessa totalidade que é a característica fundamental do organismo humano. A cura é um ato muito mais grandioso que a simples recuperação do biológico.

A doença, por outro lado, é uma desarmonia entre o corpo biológico e o *self*, o eu. Curar é tratar essa desarmonia. Curar é restituir o equilíbrio harmônico entre as diversas partes do corpo humano, porque somos uma totalidade significante e não um conjunto de membros unidos um ao outro. Na realidade, eu estou inteiro em cada pedaço de mim mesmo.

Curar é um processo com múltiplas facetas:

É uma *ciência*, é uma *técnica*, é uma *arte*.

É uma *ciência*, enquanto observa, descreve e intervém na totalidade do ser. É uma ciência porque o corpo, unidade perfeita de relação, é seu objeto e seu sujeito, enquanto organismo que responde à mais perfeita combinação de leis. Assim, qualquer intervenção leviana, puramente experimental, é um desrespeito à equilibração relacional desse organismo.

É uma *técnica*, pois curar supõe e pressupõe um conhecimento científico, que se expressa e se revela numa metodologia de intervenção em absoluta reverência com o corpo, que é a casa onde habitamos. O manejo, o manuseio do corpo humano passam necessariamente por uma delicadeza infinita, onde o toque deixa de ser um ato material para se transformar num encontro amoroso entre curador e aquele que da cura tem necessidade.

É uma *arte*, a mais pura e sublime de todas, onde a espontaneidade, a criatividade, o respeito absoluto pela música do corpo permite ao terapeuta orquestrar com mãos humanas e divinas o mais divino de todos os instrumentos existentes no planeta: o corpo humano.

Curar é, portanto, todo e qualquer movimento em direção à vida; por isso, curar é sempre mistério, porque nada é mais misterioso que a vida, que estar vivo. Por isso ainda, mesmo quando tudo parece estar claro numa intervenção de cura, restará sempre uma grande parcela de mistério.

Tudo o que se aplica ao corpo se aplica ao grupo.

Esse lado fascinante e misterioso da cura, mesmo naquela química, se reveste de maior complexidade no grupo terapêutico. Ali os sintomas, dores, medos, angústia, quaisquer que sejam, são fruto do encontro do que de humano as pessoas carregam, mas, muitas vezes, não suportam. Ali o humano se faz gente, se coisifica, se vê, e a miséria ou a grandiosidade humanas se apresentam ante o coração de cada um, que vê, que enxerga nos outros o que não pode ver e enxergar em si. Nessa troca de humanidade ocorre a cura.

É interessante lembrar que o verbo curar, em inglês *heal*, tem a mesma raiz de *whole* (inteiro) e *holiness* (santidade). Curar, portanto, é um ato de santidade, de estar inteiro consigo, com a vida e com o cliente, e não é sem razão que *pajés, pais-de-santo, sacerdotes* são, em muitas religiões, os instrumentos de cura. Por essa razão, toda cura é, em essência, espiritual, e por isso curar, no seu mais profundo significado, é um mistério.

Temos que questionar e procurar nos entender e ao nosso universo, mas não podemos esquecer os limites de nossa experiência, pois na fronteira de nossa ciência e pensamento permanece um vasto e impenetrável mistério. Acredito que é desse ponto de vista que a cura flui.[3]

O ato de curar transcende ao curador, pois a cura é o lado visível do mistério, da dor, da angústia, do medo, e se faz possível no momento em que a pessoa doente se deixou sintonizar nos seus dois níveis interno e externo e a realidade perdeu seu poder de controle de fora e a realidade maior, a pessoa humana, tomou posse de seu próprio poder.

Isso ocorre no momento em que terapeuta e cliente podem viver, complementar e mutuamente, o seguinte processo:

"1 — *Um movimento criativo*: uma original e espontânea participação na vida sem julgamento.

2 — *Uma intensidade*: a qualidade da atenção, a profundidade do nosso envolvimento com a vida e com o que dela emana.

3 — *Um amor incondicional*: o princípio da inclusividade, uma implícita sensação de uma totalidade primeira."[4]

Curar é, antes de tudo, um ato de pessoa. Nesse sentido, ninguém cura ninguém. O terapeuta é apenas um facilitador do processo, alguém que vai junto, que caminha de mãos dadas, numa comunicação mútua e silenciosa de energia de vida, pois a cura só ocorrerá quando o cliente quiser curar-se e o terapeuta acreditar que isso é possível com ele e através dele. O acreditar cuidadoso e humilde por parte do terapeuta no seu poder de curar é peça importante, enquanto energia transformadora do campo sistêmico, onde cada parte, conservando-se a si mesma, contém quanticamente as virtudes das outras.

Esse processo pode ser simplificado através dos seguintes elementos:

1 — Certas qualidades pessoais do terapeuta facilitam a recuperação do cliente.

2 — As expectativas positivas dos clientes facilitam a cura. Quanto mais fortes as expectativas de cura do cliente, tanto mais probabilidades existem de que ela ocorra.

3 — Nada substitui a vontade do cliente de se curar e a do terapeuta de querer curar, embora reconhecendo as limitações de seu aqui e agora.

4 — Um sentido de controle ou conhecimento do que lhe ocorre torna o cliente mais poderoso consigo mesmo, pois o saber equipa a pessoa com conhecimentos a respeito de sua vida futura.

Conhecer, aprender e fazer são fatores fundamentais no processo de cura.

A fenomenologia nos ensina que a consciência é sempre consciência de alguma coisa e que, para se ter consciência de algo, é necessário que a totalidade do fato seja percebida. Quando isso ocorre, a consciência desenvolve um processo de intencionalidade, através do qual o sujeito opta ou não pelas exigências da realidade. Assim deve ocorrer no processo de cura. Saber o que se tem conduz mais efetivamente a optar ou não pela vida, ou, em outras palavras, leva o sujeito a se responsabilizar pelo que ocorre.

O grupo funciona como um sistema integrado na produção do conhecimento. No cérebro, a percepção da cor, do tamanho, do peso se localizam em lugares diferentes. Cada informação é arquivada em lugar diferente, até que, uma vez composto um plano geral, a atenção focalizada produz o conhecimento. Assim também é no grupo. Cada pessoa representa um problema e uma atitude diante da vida. Um lida bem com a perda, outro com a dor, e assim por diante. Cada um é uma parte dessas informações localizadas no cérebro grupal. Unindo cada uma delas existe um fio que cria uma unidade de experiência consciente ligando essas informações e lhes dando um sentido unitário, formando um todo, uma inteireza, sem a qual seria impossível existir uma experiência tal como a percebemos, na vida como no grupo.

"A unidade é a característica mais essencial da consciência, tão básica ao que quer que chamemos consciência que a maioria de nós nem sequer se dá conta de que existe".[5]

No grupo, a atenção focalizada, que está na base dessa *unidade de experiência consciente*, é o processo de reconstrução da unidade interna perdida, fonte da neurose ou de qualquer desequilíbrio. O exercício permanente da procura desta unidade desenvolve a capacidade do grupo para a auto-equilibração organísmica, base de qualquer processo saudável. Cada vez que ocorre uma *unidade de experiência consciente* significa que o grupo como um todo encontrou a fonte, a origem de algo que pode ser transformador e curativo.

O processo de cura transcende à categoria causa-efeito, mesmo na cura química. Descrever quantitativamente um processo de cura química não é explicar como a cura ocorre, pois ela contém variáveis colaterais, como vontade de curar-se, envolvimento espiritual com a esperança, sentido purificador da dor, do sofrimento, e outros processos que interferem em qualquer processo de cura.

"Um mesmo cliente ou pessoa terminal ou crônico por causa da doença pode ser curado mental, emocional e espiritualmente, como resultado de ter aprendido a viver sua vida, descobrir-lhe o valor, de se ter reconciliado com a morte e de ter aprendido a minimizar e administrar o *stress* de uma condição crônica."[6]

A cura é sempre função de um encontro. Quanto mais profundo e significativo for o encontro entre pessoa e pessoa, tanto mais eficaz será a cura.

Para que esse encontro ocorra, o terapeuta deve possuir em abundância quatro virtudes: *confiança, fé, humildade* e *amor*.

"O curador deve agir como canal, como vínculo de um poder maior de cura, e para que ele se transforme nesse canal o curador deve ter absoluta *confiança* no seu papel de curar, bem como deve ter *fé* de que ele/ela possam ser veículo da cura. E embora os curadores possam ser canais de cura através de diferentes técnicas, nenhum deles poderá curar, a não ser que use sua técnica com humildade e amor."[7]

A *humildade* é extremamente importante no terapeuta. Talvez a maior necessidade do terapeuta seja eliminar sua arrogância. O terapeuta deve ter a humildade de saber que ninguém pode curar, se não estiver curado ele mesmo e que ele mesmo tem necessidade de ser curado. Quando alguém pensa: "Eu sou o curador, você é o cliente", já perdeu muitíssimo do seu efetivo poder de cura.

Não estamos falando de cura como eliminação de sintomas. Cura, mesmo física, tem um elemento existencial, algo que supõe uma totalidade de ser e de ter, algo como o reconhecimento formal de que ser humano é muito mais que aparência humana e que a saúde é muito mais que a ausência de dor ou sintomas, mas a celebração da harmonia perfeita entre organismo e ambiente.

A mais difícil, a mais problemática das qualidades do curador é o *amor*, porque o amor não julga, não negocia, é disponível, é libertador. O curador deve entender que amar não significa apenas amar os outros, mas, sobretudo, amar a si próprio, gostar de si próprio, ser paciente consigo próprio, nutrir-se a si próprio. Para que o terapeuta possa ter acesso às fontes do amor, ele deve tentar viver sua própria mensagem, sentir a inspiração de clientes corajosos, ter consciência de sua própria mortalidade, admitir sua mortalidade e sua humanidade. Na realidade, somente através do amor será possível ao terapeuta e ao cliente sarar a dor um do outro.

O grupo é agente de cura na medida em que percorre estes quatro caminhos: o da fé, da confiança, da humildade e do amor. Viver cada um desses processos é morrer cada dia, é lidar com a onipotência, com o controle, com a posse de maneira consciente, com o contato e suas fronteiras. A dor e a esperança sustentam essa luta.

As resistências sucumbem ao processo consciente da dor, à entrega humilde do poder, à objetividade da realidade, ao sentimento de amor com que a esperança povoou nossas almas e nossos corpos, ao encontro da polaridade, desejo e repressão, na esquina da fé com a certeza.

Não estamos falando de idéias, mas de práxis. O terapeuta não pode se esquecer de sua intenção formal de curar. Atender não é curar. A atitude amorosa do terapeuta se operacionaliza através do acolhimento, da paciência, do saber escutar, do saber conversar, sorrir.

Para curar verdadeiramente, para afetar profunda e permanentemente a pessoa, o terapeuta não deve ter *objetivos*, mas *inocência*, vê-la e encarná-la.

Todas as pessoas são verdadeiras centrais de energia. É fundamental que cada um se reconheça como fonte energética. O terapeuta, para se tornar efetivamente uma fonte de cura, deve ele mesmo se tornar um ser radiante de energia. Na razão em que nos tornamos um centro de irradiação, podemos ver e também entender como a energia flui e emana da outra pessoa e de nós mesmos.

Nenhuma técnica de cura poderá funcionar à plenitude, enquanto não for acompanhada pelo amor. E ninguém se tornará um terapeuta, enquanto não for capaz de amar profundamente, aqui e agora, aquele que está ali diante dele necessitando de seu trabalho amoroso e paciente. Mais do que de remédio, as pessoas precisam de uma voz suave, de um olhar complacente, de uma palavra que consola e anima, de uma postura humilde e respeitosa, sem prepotência, sem arrogância ou ares de quem detém o poder sobre a morte.

Bernie Siegel dizia que o mais poderoso e reconhecido estimulante do sistema imunológico é o amor e que o amor cura.

Apesar de tantas falas sobre a pressa, assertividade e até rudeza do grupo, uma leitura atenta nos leva a pensar que é sua busca permanente da *awareness* que contém, no seu bojo, a pressa, a objetividade, aquele sentido de temporalidade, de economia de tempo, de dor, de dinheiro que, inconscientemente, produz no grupo essa aparência de descuido com o amor. De outro lado, o amor pode revelar-se de maneira até contraditória, pois silêncio, delicadeza, espera não são necessariamente formas de amor, podendo até ser formas de resistência, de opressão ou violência.

Comenta-se que curadores, médicos e psicólogos se tornam insensíveis para poder objetivamente ajudar os outros. Será isso uma desculpa para a nossa incapacidade de olhar nos olhos, no corpo, no coração, no espírito a dor do outro? Essa insensibilidade será uma desculpa para continuarmos a manter nossa arrogância e prepotência diante da dor do outro, ou uma defesa diante de nossa incapacidade de lidar com nossa própria dor?

Ao amor, ao ato curativo não poderão jamais faltar sensibilidade, objetividade e compaixão. Tanto no ato de curar como no de curar-se, essas virtudes têm que estar presentes. Sem esses elementos, pode ocorrer uma melhora, mas não transformação e ressurreição, passagem do estado de enfermo ao de estar vivo.

O grupo maneja sabiamente esses processos, pois, quando a um falta sensibilidade, a outro sobra e assim por diante. Podemos dizer que a polaridade existencial é uma das características do grupo. Todos têm um pouco de tudo e tudo tem um pouco de todos. Esse manejo inconsciente do oposto, do idêntico, do análogo renova as categorias internas de cada pessoa, facilitando o processo de cura.

A cultura da doença tem sempre atribuído ao profissional da saúde o poder de curar. O cliente se submete humilde ao veredicto do profissional, muitas vezes sem questionar sua capacidade e competência.

Diferentemente do que ocorre na relação individual, não é o terapeuta de grupo o curador, mas o grupo. O poder de sarar, de curar pertence ao grupo, à relação que se estabelece, onde o terapeuta tem um papel diferenciado, mas nunca exclusivo.

A cura é um fator resultante do encontro existencial entre duas ou mais pessoas, a cura é o encontro de duas energias, uma de quem quer curar e outra de quem quer ser curado, por isso, no mínimo, as duas pessoas devem sentir-se no mesmo pé de igualdade.

Com o passar dos anos, vou fazendo profissão de fé, cada vez mais firme e consciente, na capacidade inata de auto-regular-se, de auto-equilibrar-se das pessoas que me procuram. Fica claro para mim que curar é uma atribuição divina. Compete ao Criador reparar os defeitos dos seres por Ele criados. No entanto, nós somos chamados curadores, médicos, terapeutas!

Curar não é um mistério. É um fato cujo resultado pode ser visto, embora não se possa, às vezes, descrever os diversos momentos do processo de cura.

Fenomenologicamente, estamos diante de um dado, cujo em si da coisa nos escapa e cuja coisa em si se abre à nossa contemplação, em um horizonte a partir do qual nossos *a priori* nem sempre encontram respostas. Em todo processo de cura, intervém uma consciência da totalidade transformadora, a partir da qual tudo se torna possível, pois, na cura, a relação organismo-ambiente adquire uma dinâmica que ultrapassa a linearidade das relações causa-efeito. Quando dizemos que o contato é transformador, que a consciência é transformadora, estamos falando de dimensões que escapam a uma relação de causa-efeito comum. Estamos falando que a cura é sempre função de contato, enquanto relação eu-tu, na qual o sujeito, descobrindo a totalidade objetiva fora dele, permite que um processo de auto-regulação organísmica se plenifique nele, pela perda total de um querer onipotente e pela submissão silenciosa a uma natureza humana cujo poder transforma por si mesmo.

Parodiando Martin Buber, podemos dizer que: assim como a relação eu-tu, também a cura ocorre "*by grace*".

Estudar a natureza da cura é ampliar o lado espiritual da Gestalt-terapia, enquanto dimensão humana de convergência entre essência e existência no encontro daquilo que se chama Pessoa Humana.

3. O processo da cura

O processo da cura ocorre de uma maneira complexa e, às vezes, tão complexa, que se apela ao milagre para se fazer entender o que não parece explicável.

Todos vivemos em um dado campo. Mudanças ocorrem a todo instante, donde, afetado um sistema, todo o campo passa por uma reorganização. Nada que ocorra em um sistema é neutro a um outro. Embora quase sempre o campo reaja como um todo, sabemos que nem todos os subsistemas são afetados igualmente, pois o campo possui características que se sobrepõem e características que se fundem. Tal fato depende de uma organização interna dos subsistemas nem sempre sujeitos ao controle experimental.

Não sabemos como essa trama interna ocorre, como essas forças se organizam. Sabemos, apenas, que elas obedecem a uma lógica interna, uma lógica quântica, que tem muito a ver com a vontade das pessoas e com a relação organismo-ambiente.

Existe uma intencionalidade na natureza, uma pré-organização organísmica que se move em um dado campo a partir das intenções do cada componente desse campo e que tende constantemente a uma redução fenomenológica, cujo resultado é a consciência da totalidade que transforma e move as energias ali presentes no sentido de produzir equilibração, saúde e vida.

Esse movimento interno dentro do campo grupal assume, às vezes, características que se repetem, sinalizando uma espécie de analogia de processos, e que recebem o nome de Fatores Terapêuticos de Cura ou Mecanismos de Cura. Quando esses processos ocorrem, temos a convicção de que algo novo está presente e de que uma energia de cura está operando. Esses movimentos se manifestam, às vezes, através de uma única pessoa e, às vezes, numa reação em cadeia, em que todo o grupo fala dessa sensação experienciada como algo transformador.

Muitos desses mecanismos de cura foram descritos por I. D. Yallon, 1970, J. P. Ribeiro, 1978 e 1979[9],e S. Bloch, *et alii*, 1985[10]. Estes autores e outros chegaram a identificar mais de cento e cinqüenta mecanismos de cura que, devido à sua semelhança do ponto de vista da descrição dinâmica, foram agrupados entre nove e quinze como os mais comuns.[8]

O processo de constituição dinâmica de um grupo é muito semelhante ao processo de crescimento do corpo humano. Assim, alguns desses mecanismos de cura estão mais presentes no início do grupo, como: vontade de curar-se, motivação, permissão para falar e universalidade; outros pertencem a uma fase intermediária, como: aceitação, auto-revelação, altruísmo, aprendizagem vicária e catarse; outros pertencem a uma fase final, como: experiência emocional corretiva, *insight*, refocalização familiar, orientação.

Essa distribuição revela o modo como o grupo estrutura seu campo. Podemos dizer que o primeiro grupo de fatores pertence à fase e campo geográficos, o segundo grupo à fase e campo psicológicos e o terceiro grupo ao campo e fase comportamental. Essa divisão obedece a uma certa lógica temporal, mas nada impede que esses fatores apareçam todos em uma única fase ou que se distribuam diferentemente pelas fases citadas. A dinâmica desses mecanismos de cura obedece, de fato e antes de tudo, a uma lógica interna, a uma estruturação quântica, intimamente ligada à sensação de segurança que os membros do grupo experienciam, sobretudo nos primeiros momentos de vivência grupal.

Temos que usar a noção de campo para entendermos como esses mecanismos funcionam. Para que funcionem como processo de cura, o grupo como um todo precisa experimentá-los de algum modo, ainda que uma única pessoa venha a expressá-los. Entendemos que tudo o que ocorre com alguém pertence ao todo. Não existe sistema isolado no grupo. Existe um fio energético que contamina a todos, que perpassa misteriosamente entre as pessoas fazendo com que a consciência individual se sintonize com a consciência grupal, de modo que, de maneira análoga, mas não necessariamente idêntica, as pessoas vivam as mesmas emoções e tenham também percepções análogas, pois o grupo funciona como um sistema integrado.

Como isso ocorre? Entre dezenas de mecanismos, exemplifiquemos apenas dois:

Universalidade: Por este mecanismo de cura, o grupo como um todo vive e experiencia sensações como: "Estou percebendo que não sou o único a ter este problema, vejo como as pessoas são semelhantes a mim, vejo que meu passado é muito semelhante ao dos outros membros do grupo, pensava que eu era tão diferente e vejo que sou tão igual".

Esses sentimentos são freqüentemente compartilhados pelos membros do grupo, e perceber-se assim tão igual, tão no mesmo barco, faz surgir um sentimento de esperança, de redimensionamento do próprio poder, uma sensação de ser igual na dor, nos problemas e na procura de suas soluções. Tais sensações vividas coletivamente geram uma energia de mudança, de equilibração organismo-ambiente, de se sentir curando, sendo curado.

Catarse: Através deste mecanismo de cura, o grupo vive sentimentos como: "Que bom que sinto meu peito mais leve depois disso, expressei sentimentos negativos contra mim mesmo ou contra outro e sinto que não morri, aprendi que é melhor colocar para fora do que engolir, percebi que entrar na minha dor, que ir ao fundo do poço me ensinou o caminho da volta".

A catarse facilita a reorganização do campo, estabelecendo seus verdadeiros limites, dando proporção correta aos gestos, fortalecendo as fronteiras, dando uma sensação de limites perdidos e reencontrados.

Tais sensações vividas pelo grupo reestruturam os papéis, dão um sentido profundo ao conceito de aqui e agora, mostram o que é figura e o que é fundo na expressão das necessidades quotidianas do indivíduo, restabelecem a sensação de poder e valor pessoal. Essas sensações provocam em cada um e no grupo a experiência do curar-se e do estar curado.

Quando esse tipo de frase, de pensamento ocorre, como nos dois exemplos dados, significa que se encontra em curso um processo de cura. A consciência emocionada é já fruto de uma totalidade que se apoderou do campo total. Essas sensações são, às vezes, expressas por uma só pessoa, às vezes por diversas pessoas no grupo, mas a nossa crença é que a consciência chega como uma totalidade, como algo que pertence ao grupo.

A neurose é sempre uma desorganização do campo. Os subsistemas entram em choque, assumem papéis que não lhes pertencem, existe uma perturbação na fronteira do contato entre um sistema e outro.

As pessoas se curam de maneira diferente e em momentos diferentes. Quando dizemos que se encontra em curso um processo de cura, queremos dizer que ali existe uma energia de transformação, de equilibração, de auto e hetero-suporte. É como numa mesa de banquete com diversos pratos, todos nutritivos, cada um come o que quer ou aquilo de que precisa, e assim todos se nutrem ao seu modo.

Podemos falar de cura como um momento e cura como um estado. Ambas ocorrem no grupo e obedecem a momentos e processos diferentes. Acredito que o grupo é um estado de cura, pois ali todos procuram sua cura, se esforçam para que ela ocorra, se entristecem quando, aparentemente, nada ocorre. Tal fato gera uma energia permanente de cura. Todo o campo se organiza no sentido de uma profunda harmonia nos seus subsistemas, que interagem na busca do fim comum. De outro lado, existem momentos de cura, momentos muito particulares em que alguém ou o grupo ressoam uma vibração diferente, se expressam de uma maneira profundamente experienciada, reencontram, de uma maneira visível, seu mundo oculto ou perdido, testemunham, às vezes com lágrimas, o ponto de chegada do reencontro com o sentido da vida e da plenitude que se perdeu um dia.

Não sabemos exatamente como a cura ocorre, mas temos indicações de como não ocorre. Utilizamos o ciclo de contato, ou de formação e destruição da Gestalt para tentar explicar como boicotamos o processo de cura.

Sabemos que alguém é tanto mais saudável quanto menos Gestalts inacabadas, interrompidas ele tem. Pessoa saudável é aquela que fecha, completa e termina suas Gestalts, é aquela que não permite que interrupções no fluxo do contato perturbem seu movimento de organização corpo-ambiente.

Os mecanismos de cura ou fatores terapêuticos de cura são formas de contato, enquanto significam o rompimento dos empecilhos que perturbam o equilíbrio na fronteira do contato; por isso, dizemos que a insistência em posições contrárias a esses mecanismos poderá ser identificada como forma de resistência no ciclo de contato.

Não se pode afirmar que esses mecanismos sejam uma espécie de caminho da cura, ou que eles signifiquem uma certa ordem de como a cura ocorre, como se eles fossem aparecendo e crescendo, um se sucedendo ao outro, e nem se pode afirmar também que, no ciclo de contato, o processo de satisfação seja preenchido necessariamente pela ordem indicada na figura, à página 28. Existe uma tendência nessa ordem, existe até uma certa lógica, mas quanticamente falando os processos podem ocorrer e ocorrem espontaneamente, dando margem a mil possibilidades.

O quadro abaixo tenta mostrar as relações existentes entre os diversos processos de cura, enquanto fatores de cura e formas de contato. É importante lembrar que tal aproximação necessita de estudos posteriores para se estabelecerem correlações que possam ser fidedignas. Por enquanto, esquematiza processos, mostrando como, por exemplo, a *sensação* e a *mobilização* se encontram à base de processos como *vontade de curar-se* e *motivação* e como estes dois últimos processos podem ser boicotados pela *introjeção* e *insensibilidade*. A mesma relação se pode fazer com mais ou menos propriedade com todos os outros fatores.

Fatores terapêuticos e ciclo de contato

Fatores terapêuticos	*Formas de contato*	*Formas de resistência*
Vontade de Curar-se *(The will to cure oneself)*	Sensação	Dessensibilização
Motivação *(Motivation)*	Mobilização	Introjeção
Permissão para falar *(Permission to speak)*		
Universalidade *(Universality)*		
Aceitação *(Acceptance)*	*Awareness*	Deflexão
Auto-revelação *(Self-disclosure)*		
Altruísmo *(Altruism)*	Ação	Projeção
Aprendizagem Vicária *(Vicarious learning)*		
Experiência emocional corretiva *(Emotional Corrective Experience)*	Contato final	Retroflexão
Insight	Satisfação	Egocentrismo
Refocalização familiar *(Family Re-enactment)*		
Orientação *(Guidance)*	Retirada	Confluência

Fatores terapêuticos e formas de contato são modos analógicos de se falar do processo de cura. Tal analogia aproxima uma dada linguagem ao modo como a Gestalt-terapia entende que a cura ocorra.

As formas do contato podem ser vistas como operacionalização dos fatores de cura.

Fenomenologicamente, a realidade se apresenta a nós como um dado a ser descoberto e, de outro lado, até certo ponto, nós criamos a realidade a partir dos referenciais que atribuímos a ela, por isso, nós e a realidade formamos uma realidade maior, em que sujeito e objeto se encontram e se complementam.

A cura é, pois, um dado pleno de realidade, de desejos, de fantasia, de vibração, resultado da vontade interna de cada pessoa e ressonância maravilhosa do mistério de cada componente do grupo com o outro e com o mundo. O grupo é o campo, o espaço vital, onde a cura acontece.

4. Conclusão

A cura ocorre; porém, permanece um enigma a ser desvendado em cada caso. A cura é sempre função de um contato que alguém estabelece com alguma coisa e consigo mesmo. Existem coisas dentro e fora de nós que, entrando em sintonia, podem produzir efeitos surpreendentes, não classificáveis.

A figura do terapeuta é importante nesse contexto de cura. Não é ele quem cura, talvez ele não seja nem mesmo o instrumento através do qual a cura ocorra, ele é simplesmente uma testemunha qualificada cujo amor ao grupo permite que um amor maior se desenvolva e se torne transformador.

Em algumas pesquisas, no entanto, (J. P. Ribeiro, 1992), a figura do terapeuta aparece como um dos elementos mais decisivos do processo de cura.

No contexto geral, curar-se significa optar por si mesmo, sem reservas, sem colocar condições. Significa acreditar que o existir é a essência do ser e que curar-se é acreditar na possibilidade da própria mudança. Curar é saber que, não obstante toda nossa fragilidade, podemos sempre nos apaixonar por nós mesmos e, quem sabe, também pelos outros!

Referências Bibliográficas

1. Perls, F. S., 1981, p. 39.
2. Perls, F. S., 1981, p. 40.
3. Carlson, R. *et alii*, 1989, p. 37.
4. Carlson, R. *et alii*, 1989, p. 37.
5. Zoher, D., 1990, p. 74.
6. Zoher, D., 1990, p. 133.
7. Zoher, D., 1990, p. 127.
8. Yallon, I. D., 1970.
9. Ribeiro, J. P., 1978 e 1979.
10. Bloch, S. *et alii*, 1985.

CAPÍTULO X

A NATUREZA DA CURA EM GRUPO

Introdução

A questão de como a cura ocorre em psicoterapia continua pouco resolvida. Um processo de mudança ocorre em nível de reestruturação da personalidade, mas como isso ocorre ainda será objeto de estudo por longo tempo.

Independentemente de como o encontro psicoterápico ocorre, a variável encontro é fundamental na operacionalização do processo de cura. No caso específico do grupo, esse encontro é múltiplo e passa por níveis de diferenciação de enorme complexidade.

O grupo, enquanto grupo, se reveste de um caráter curativo, dado que a prática clínica demonstra sobremaneira sua eficiência no curar, sua eficácia na permanência e duração de seus resultados. O grupo, no entanto, continua uma unidade visível de pessoas, que, isoladamente, se sentem inadequadas e, às vezes, doentes. Nesse sentido, vale a informação de que o grupo é uma soma qualitativamente diferente daquela dos indivíduos que o compõem.

A cura, no processo grupal, caminha numa dupla direção, a do indivíduo isoladamente e a do grupo como sintoma. Assim como os indivíduos, também o grupo termina por formar o seu sintoma: um grupo fóbico, projetor, etc. A terapia atuaria sobre o processo que cria esse sintoma. A atenção, portanto, recai sobre a natureza de ambos os processos, que são interligados e complementares. Na mesma ordem de raciocínio, podemos falar de processos múltiplos, onde o conteúdo é de tal modo complexo que não se consegue distinguir elementos dinâmicos isolados de processos que, por sua natureza, são identificáveis como pertencendo a um campo teórico, como, por exemplo, projeção-introjeção.

Diversos estudos estão no momento sendo introduzidos no sentido de avaliar a razão pela qual certos fatores, processos já identificados, são mais relevantes do que outros em determinados momentos ou fases do grupo, bem como certos processos podem se tornar antiterapêuticos

Questões iniciais como "preparação do cliente para participar da terapia de grupo" fazem eco a toda uma preocupação sobre a natureza do processo terapêutico grupal, em qualquer modalidade de terapia. Essa questão se torna mais difícil dado o grande número de temas sobre a natureza do processo grupal, alguns em contradição com outros, a partir dos dados da psicologia clínica experimental.

Natureza da cura

O grande desafio, portanto, é o que, de fato, produz a mudança que leva à cura. Que poder misterioso é esse que a partir da relação intergrupal e da interação cliente-terapeuta é capaz de produzir a superação dos sintomas e permitir ao indivíduo crescer como pessoa, e ao grupo, encontrar um equilíbrio tal que, não obstante a fronteira das individualidades, se transforme num fator de cura.

Ideologia, técnicas e interação parecem ser palavras centrais no processo de cura.

O estar curado ou sentir-se curado é o ponto final de uma caminhada cujos passos não podem ser necessariamente identificados, embora o efeito final não possa ser negado. Tal como na iluminação ou *insight*, o processo de cura revela o que ocorreu, ficando o *como* imerso no mistério da interação humana.

Nossa pretensão é tentar, a partir de dados concretos, a partir do relato da experiência humana, dizer como a cura pode ocorrer através de alguns processos grupais.

1. Tendência à solução perfeita

Uma das tendências características do grupo é a busca de soluções perfeitas. Diante de um fato levantado, cada elemento do grupo tenta pensar a solução perfeita. Nesse sentido, ele passa, pessoalmente, por um processo de escolha interior que o predispõe a encontrar para cada outro a solução ideal. Trata-se, portanto, de um processo de aprendizagem de solução de problemas em nível individual através do mecanismo da solução vicária.

Ao final de um trabalho, o grupo passa por dois tipos de reflexão; um é aquele em que os membros do grupo dizem o que eles pensam que aconteceu e, freqüentemente, essa posição é acompanhada de propostas de solução interpretativas, e o outro é aquele em que os elementos do grupo dizem o que sentiram diante do trabalho.

É nessa oferta de *feedback* que reside um dos fatores de cura mais sutis. É como se valesse aqui o adágio: médico, cura-te a ti mesmo primeiro.

Esse movimento individual é vivenciado por todos os elementos do grupo, embora o grupo como um todo procure a solução perfeita, usando os mais variados processos como: o silêncio, a espera, a intervenção.

Nesse contexto, a atmosfera do grupo se torna, por sua natureza, uma atmosfera de predisposição à cura, o que, por sua vez, gera uma expectativa saudável de mudança. Ao experienciar esse processo, o indivíduo está aprendendo a curar a si mesmo, sobretudo pelo abandono da censura de se ver no lugar do outro.

2. Mudança paradoxal — uma posição homeopática

A mudança paradoxal é vista como um movimento interno através do qual a pessoa caminha aparentemente na direção oposta à cura, por exemplo, identificando-se como o lado negativo, não desejado, excluído. Trata-se de um entregar-se totalmente a uma sensação indesejada, temida. É exatamente o oposto do que chamamos formação reativa, onde a pessoa, por exemplo, passa a amar tanto uma coisa que odeia, que finalmente o ódio "desaparece" e fica somente o amor reativo.

Aqui a pessoa se abandona aos sentimentos de menos-valia como único caminho, por exemplo, de encontrar o próprio valor, a própria auto-estima. Quando se desce ao fundo do poço, o próximo passo é tentar olhar para cima e procurar o caminho de volta.

Esse movimento é eminentemente pessoal, individual, é um caminho extremamente doloroso e, muitas vezes, sem esperança para o indivíduo.

Aqui entra a função curativa do grupo, enquanto fator de suporte na mudança paradoxal. O grupo tem uma sensibilidade peculiar para lidar com alguém que está em dor, em abandono, sem forças. Os mecanismos projetivos e introjetivos funcionam particularmente nesses momentos. Na medida em que o indivíduo perde suas defesas, mergulha na própria solidão, também o grupo perde seu poder de ataque, de controle, ou talvez não precise deles. E, então, como um corpo único, o grupo mergulha na dor do outro, na procura do outro, sem defesa. Não precisando defender-se, o grupo se torna mais livre para se ver, para rever-se, para mudar. Quando se percebe, como espectador, o caminho do outro, é mais fácil também descobrir o próprio.

O grupo aciona sua função de acolhimento, quando percebe que alguém, à busca de sua luz última, vai mostrando corajosamente seu lado escuro.

Esse é o movimento de alquimia da compaixão, onde amor, objetividade e verdade se aliam para criar um chão onde a pessoa pode tirar os sapatos, na certeza de que não ferirá os pés.

É essa sensação de escolher e ser escolhido que se torna curativa, através de algo como: "Tudo o que diz respeito a alguém não pode ser indiferente", ou que o ditado popular sintetizou dizendo: "Nunca digas desta água não beberei".

O entrar conscientemente nas possibilidades da própria fraqueza conduz o indivíduo e o grupo a repensar continuamente o seu próprio caminho de dor, de abandono, e a procurar soluções mais aceitáveis.

3. Remoção do conflito interno

"Podemos dizer que, fundamentalmente, conflito nenhum deveria ser removido por psicoterapia, pois o objetivo da psicoterapia é tornar presentes os conflitos não percebidos e eliminar os conflitos falsos."[1] "A psicoterapia é um processo de não permitir que essas forças externas se intrometam dentro da pele e perturbem a autoregulação organísmica."[2] "Isso é verdade em qualquer colaboração criativa entre as pessoas: a maior eficiência não é conseguida quando se estabelece uma harmonia, *a priori*, entre os interesses e nem quando se comprometem os interesses individuais a um objetivo predeterminado; enquanto as pessoas estiverem em contato, sinceramente visando a melhor realização, quanto mais diferentes forem e manifestarem as diferenças, mais provável é que sejam capazes de produzir uma idéia melhor do que cada um imaginava... é a luta de elementos disparatados que repentinamente provoca uma solução criativa."[3]

A teoria da remoção do conflito interno pode ser aplicada ao grupo sob duas dimensões diferentes.

Acontece com o indivíduo o mesmo que ocorre com o grupo, ou seja, todo grupo termina por fabricar um conflito interno global. O grupo tem ou fabrica um conflito interno, fruto da patologia ou das patologias falsas ou verdadeiras dos elementos que o compõem. Esse conflito ocorre nas primeiras semanas de uma experiência grupal, tendo como gênese a realidade, que, nesse caso, forma conflitos reais, e a fantasia que, nesse caso, forma os conflitos falsos. A tarefa do grupo é tornar presentes os conflitos não percebidos e eliminar os falsos.

Aqui a projeção joga um papel fundamental, na medida em que é mais fácil ver nos outros algo que em nós é proibitivo. Assim é mais fácil detectar os verdadeiros conflitos, bem como perceber os falsos. A consciência diante das minhas contradições ou da dos outros facilita a comunicação sobre a realidade ou a fantasia vivida pelo grupo.

O grupo vai à cata da verdade sempre. Espera, se retrai, persegue a verdade sistematicamente. Estou me referindo a um grupo que se propõe, de fato, curar-se, prover seu bem-estar. Estou falando de um grupo terapêutico. O grupo faz isso de dois modos: tornando presentes os conflitos não percebidos e eliminando os falsos.

Acresce-se a esse fato a riqueza da percepção grupal originada de fontes diferentes de contactar a realidade. É um fato inegável que oito ou dez pessoas, sinceramente interessadas em perceber um problema e solucioná-lo, o fazem com real desenvoltura, eficiência e amor.

Curar-se não é necessariamente um processo consciente. O darse conta que se está curado, às vezes, ocorre após a terapia. É como certas sementes que, lançadas à terra, precisam primeiro morrer, serem transformadas, para depois ressuscitarem. Esse processo, como o de certas sementes, leva meses, a tal ponto que o semeador as esquece. Seu centro vital está tão encoberto que a destruição dessa camada protetora toma tempo, como ocorre no ser humano com as resistências.

Os germes da cura são misteriosamente depositados, enterrados no coração do indivíduo, e só um processo libertador poderá fazer com que venham a dar frutos, e isso, às vezes, é resultado de uma dolorosa assimilação, onde coisas antigas cedem lugar às novas.

4. Busca do sentido da vida

Terapia é um encontro com o sentido da vida.

O sintoma é a perda do sentido original da energia que mantinha a relação organísmica corpo-ambiente em equilibração estável.

O grupo oferece uma reação de espelho múltipla, onde cada um pode ver-se espelhado no outro de uma maneira ora sistemática ora caótica, mas sempre pertinente.

Cada um no grupo busca o sentido da própria vida, compreender o como, o porquê e o para quê do quotidiano, viver as relações de causalidade na determinação dos fenômenos que o cercam.

A vida tem sentido. Perceber que outras pessoas também sofrem, se angustiam, procuram paz, estão também à cata do próprio sentido na vida e da vida e perceber a luta constante que cada um trava para encontrá-lo é certamente um fator de nutrição e de esperança.

A projeção desempenha um papel importante nesse mecanismo, enquanto, através da imaginação, abre mil possibilidades de como cada um pode solucionar seu problema existencial, de como cada um pode entregar-se ao próprio mistério de sua vida, vendo como a vida do outro se processa. O grupo oferece uma oportunidade sem par de que o indivíduo se perceba como essencial, como único e, nessa dupla percepção, encontrar seu verdadeiro significado.

A cura ocorre ou pode ocorrer na razão em que, vendo a dor, o conflito do outro, abro silenciosamente o meu ser para acolher minha angústia, meus medos e, sem que ninguém o saiba, sem julgamento e processo, no meu ritmo, posso operar minhas mudanças.

O sentido da vida não é algo conceptual. A vida, o quotidiano são aqui e agora. O grupo é a vida aqui e agora, na multiplicidade de laços que cria, na complexidade de problemas de que trata, vive e experiencia. É uma proposta de como a vida ocorre e se oferece à nossa compreensão.

5. Encontro do sentido do humano

A vida pode desumanizar-se. Ao longo dos anos a dor, a luta pela sobrevivência, aliadas à mentira, à fraude, ao medo, à injustiça, levam ao endurecimento do caráter, à insensibilidade no trato quotidiano.

O comportamento doentio é, muitas vezes, a defesa daquela intimidade, daquele sagrado que mora em cada homem e que, enrijecendo-se, ao longo do tempo, se torna uma couraça que corta o fluxo natural do encontro corpo-ambiente, gerando toda espécie de doenças.

Olhando à sua volta, o homem descobre frustrado que o sucesso, a riqueza estão, muitas vezes, associados ao crime, à mentira e que, nem sempre, a virtude é premiada e, ao contrário, é muitas vezes, escarnecida, zombada.

Essa atmosfera conduz ao enrijecimento dos sentimentos e ao esquecimento do que significa ser humano.

O grupo oferece uma situação oposta, onde a sinceridade, a clareza, a assertividade, a verdade são as notas dominantes do relacionamento. O grupo aceita e respeita a dor, a confusão, o medo do outro. Ainda quando o grupo pareça ser desrespeitoso da intimidade e do movimento próprios do outro, ainda aqui não quer destruir, mas criar uma atmosfera de clareza, onde adjetivos não sejam necessários para adoçar o ambiente.

O grupo assiste ao desmontar das defesas e do poder desnecessários, assiste à humanização e à harmonização crescente de cada um de seus membros. Este é um processo generalizado, cujas variáveis não são detectáveis, mas a experiência e a prática clínica testemunham esta mudança silenciosa da caída das máscaras do desumano e do surgir, às vezes bruxuleante, do humano, que cresce até tornar natural o exercício da liberdade de ser pessoa.

Perceber que os outros mudam para melhor, perceber que o outro é, muitas vezes, uma extensão de si mesmo, perceber que não há limites no desejo de libertar-se e crescer, ajuda a descobrir que humano não é um conceito e sim a pessoa em que ele se transforma.

6. A linguagem não como estrutura lógica, mas como palavra

A linguagem é um instrumento fundamental para se conhecer a dinâmica de um grupo.

O grupo fala corporalmente o tempo todo, mas essa linguagem está sujeita a uma interpretação diferente do que a da fala. O corpo individual é um, também o do grupo, se pensamos no grupo como um corpo. A linguagem, porém, é múltipla, idêntica, análoga, equívoca.

A linguagem humana pode ser vista como sendo prioritariamente uma ressonância do tipo de comportamento que o sujeito manifesta. A linguagem é uma ressonância, um reflexo de algo interior e profundo, vivido pelo indivíduo. Linguagem aqui não como estrutura lógica, mas como palavra encarnada, aqui e agora. Linguagem enquanto produto e expressão das emoções, dos sentimentos, da cultura, enfim, vivida pelo indivíduo.

Pensamos no grupo como um campo, como um grande sistema, onde cada indivíduo é um subsistema. Esse conjunto só se transforma numa unidade efetiva de operação no momento em que, como ocorre nos vasos comunicantes, todos os subsistemas estiverem ligados entre si por algo que os transforma e os mantém num grande sistema. Tem que existir um elo de interação.

Esse elo é a linguagem desenvolvida pelo grupo, é ela que une os membros do grupo pela sua clareza, pelo seu caráter de identidade e univocidade, e pela perda do caráter equívoco próprio dos momentos de desencontro.

Essa, porém, é uma caminhada longa, difícil e dolorosa. Tanto mais difícil e dolorosa quanto mais diversas são as pessoas e os problemas que as trouxeram para o grupo. Essa é uma linguagem encarnada, proferida, que gera resposta. É a palavra para muitos. É como se o grupo tivesse um único movimento de ser, uma só boca e tivesse um só ouvido e produzisse uma só compreensão.

Essa permanente procura do sentido último da palavra, essa tentativa permanente de ultrapassar a barreira visível da coisa em si, esse movimento controlado pelo princípio da auto-regulação grupal, que conduz à coisa mesma, é vivida pelo grupo como extremamente saudável e criativa.

O grupo tende o tempo todo a procurar sua própria linguagem, ou seja, procurar a linguagem que é de todos, que é entendida por todos. Para que isso ocorra, o grupo terá de lidar permanentemente com os mecanismos de identificação e fantasia.

Essa sintonia de linguagem e essa ressonância na comunicação parecem ser indicadores de que o processo grupal está caminhando para o seu fim. Uma comunicação limpa, saudável, nutritiva como resultado de um processo grupal é fruto de uma limpeza nos processos de comunicação de cada indivíduo no grupo. Quando se limpa a comunicação, ficam limpas as atitudes.

Estamos falando de uma comunicação difícil, cheia de defesa, simbolizada pela angústia própria do início do grupo, e de uma comunicação solta, madura, sem reticências, própria das fases finais da terapia.

Quanto menos distância houver na compreensão de uma mesma comunicação, quanto menos esforço o grupo gasta para compreender o outro ou quanto mais as metáforas são entendidas adequadamente, tanto mais o grupo tem sua comunicação purificada.

Essa caminhada do grupo na direção da saúde da comunicação passa necessariamente por uma revisão constante dos processos interpsíquicos de como cada indivíduo lida pessoalmente com o mundo fora dele.

Dizemos que curar o grupo é curar cada um de seus membros, porque é impossível que o grupo se modifique, se desenvolva e cresça como unidade a não ser que cada um de seus membros tenha pessoalmente sofrido um processo análogo e tenha descoberto o mistério que a palavra esconde e a linguagem que o sintoma revela.

7. Imaginação e fantasia como processos de mudança

"A imaginação é um ato mágico, um encantamento destinado a fazer surgir o objeto no qual eu penso, a coisa que desejo, de forma que eu possa aproximar-me a tudo isso no seu surgir.''[4] Para fazer isso, esse ser humano representa, simboliza, pensa e imagina. A imaginação é, geralmente, o agente de infinitização... O que há de sentimento, conhecimento e vontade no homem depende, em última análise, do poder de sua imaginação... Ele é a reflexão que cria o infinito... É o imaginário, em geral, que transporta o homem ao infinito, afastando-o de si próprio e desviando-o, assim, de regressar a si próprio. A imaginação é a possibilidade de toda reflexão, e a intensidade da imaginação é a intensidade do eu.''[5]

Essas reflexões nos transportam ao âmago do processo grupal. As pessoas trazem para o *setting* psicoterapêutico todo o seu mundo de possibilidades, sua representação, simbolização, imaginação e pensamento.

Imaginação e fantasia ocupam papel importante sempre que tentamos abordar a realidade do ponto de vista fenomenológico.

A matriz grupal se transforma no receptáculo sensível de todas essas vivências. Acolhe a possibilidade de infinitização de desejos e fantasias de todos os componentes do grupo. Como um cérebro potente, como uma rede de infinitas conexões, processa, a cada momento, as relações complexas entre a imaginação grupal e a realidade de cada um, entre a fantasia e a necessidade de ir à coisa mesma.

A grande questão é: será que podemos perceber fenomenologicamente o outro? É certo que é impossível uma experiência imediata e direta do outro. Por mais que me aproxime, essa compreensão será sempre analógica, vicariante. Nada nos poderá aproximar ou nos fará ter uma percepção da intimidade, do *self* do outro de uma forma infalível. O conhecimento será sempre por aproximações sucessivas. Nada poderá superar o dado de que sempre inferimos. Na realidade, ninguém poderá ver o outro exatamente como ele se vê. Nossa visão será sempre através... de mim e do mundo que me cerca da direção do outro.

Esse exercício constante de procurar perceber a si e ao outro, esse desafio à compreensão total do outro, nos remete a todo instante à camada de nossa objetividade e facticidade pessoal. O grupo é um exercício constante de tentar perceber o outro na sua totalidade, é um treinamento de como lidar com o real da maneira mais imediata e radical possível.

''Transpor-se para o mundo do outro, quer dizer, sair de si mesmo e adotar imaginativamente o esquema de mente da outra pessoa... não é uma tarefa fácil e simples''. Para tanto é necessário uma ''imaginação disciplinada que nunca inventa, nunca anda ao acaso, nunca entra no devaneio, mas usa de limites e índices estabelecidos''[6].

Esta imaginação disciplinada é fundamental no processo de cura. Quanto mais ela ocorre, tanto mais se aproxima da essência própria e da dos outros. O grupo, no seu afã de auto-regular-se, palmilha infalivelmente o caminho que vai da fantasia à realidade. E é nesse momento que se torna possível a "construção" do outro e de seu próprio mundo, a partir de uma aprendizagem vicária, que é o oposto do dar asas à imaginação, que ocorre através de um processo grupal de cooperação exploratória, todos à procura do real, do vivido, do experienciado.

"A autotransposição imaginativa exige um estilo próprio de ocupar o lugar do outro, transformando nosso *self* não numa fusão completa para sempre, mas naquela que nos permite mover-nos para frente e para trás entre nosso '*self* compreensivo' e aquele "*self* do outro que deve ser compreendido"[7].

O grupo à cata da verdade, o grupo à cata de passar do simbólico para o real faz e refaz, a todo instante, sua própria proposta de cura, de bem-estar, realiza sua autotransposição imaginativa.

O encontro ocorrerá na razão em que a fantasia diminua ou desapareça e as pessoas surjam como reais.

Esse é um caminho longo, aquele da passagem da fantasia grupal à da realidade dos indivíduos que o compõem, aqui e agora. Este processo vivido quotidianamente pelo grupo termina por criar uma nova imagem de si e dos outros. É um verdadeiro processo de purificação, de depuração dos elementos da imaginação. A participação consciente neste processo simplifica e evidencia a realidade que cura.

8. Passagem da relação Eu-Isso à relação Eu-Tu

Estamos usando a linguagem buberiana para expressar um processo de finalização das diversas etapas do grupo.

O grupo passa por dois grandes momentos: aquele da atitude Eu-Isso, que eu descreveria como o quotidiano do grupo, e aquele da atitude Eu-Tu, que são momentos privilegiados da relação de encontro. Essas duas atitudes funcionam num processo de figura e fundo, isto é, elas coexistem como processos inseparáveis, uma justificando e presentificando a outra.

A relação Eu-Tu é uma relação sem *a priori*, sem adjetivos. É um estar diante das coisas simplesmente. É um momento em que o encontro ocorre na disponibilidade para perpetuar o momento. As duas pessoas estão inteiras e o "entre" não tem contaminação. O vivenciar tal inocência é a essência da relação Eu-Tu. Buber diz que isso ocorre por graça (*by grace*).

A relação Eu-Isso é fundamental, enquanto esse "isso" cria condições para que o encontro ocorra. A relação Eu-Isso concretiza, torna visíveis pessoa e coisas, torna a realidade de fora algo dentro do sujeito, enquanto o sujeito a identifica, aqui e agora, atribuindo-lhe seus pressupostos. O outro está contaminado pelo observador.

A função da terapia é possibilitar uma postura em que se possa conviver com a realidade, quanto possível sem adjetivos, onde os encontros sejam substanciais, essenciais e em que os *a priori* perturbem o mínimo possível o encontro entre as pessoas.

O ser humano é vítima freqüente do medo, dado que a realidade se mostra perversa, invertendo valores e promovendo o vício, a contradição, de tal modo que, sem ser projetivo, o homem está freqüentemente em posição de defesa e de ataque.

Por melhores intenções que um grupo terapêutico tenha, seus membros são necessariamente vítimas dessa cultura, desse modo de estar e conviver com a realidade. Sensações de medo, de insegurança, de desproteção são freqüentes no início da terapia. Nota-se, entretanto, que o grupo, desde o início, procura sair desse lugar, dessa posição de desconforto para uma de segurança e de aceitação. Isso só é possível na medida em que cada elemento do grupo vá lentamente abandonando seus *a priori* e tentando ter uma relação direta, sem intermediários, com a outra pessoa. Essa limpeza pessoal da própria percepção do outro facilita uma outra percepção, também sem intermediário, na medida em que o outro passa a ser uma extensão de minha própria percepção. Esse suspender o juízo para encontrar-se com o outro autenticamente é a essência da relação Eu-Tu e é também a essência do processo fenomenológico de ir às coisas mesmas.

Não podemos afirmar que o grupo termina sempre por abandonar a relação Eu-Isso e se instalar na relação Eu-Tu, mesmo porque a relação Eu-Isso é fundamental para a relação como um todo, mas podemos dizer que o grupo tende, cada vez mais, a adotar o comportamento Eu-Tu, que é marcado pelo respeito, aceitação e, sobretudo, pela tendência a conviver com o outro a partir dele.

O grupo, na medida em que amadurece, adquire a sabedoria de saber esperar, de conviver com a ambigüidade, e tais atitudes passam necessariamente por um aprendizado interior onde a relação consigo mesmo se torna o protótipo da relação Eu-Tu.

9. O ciclo de contato (formação e destruição de Gestalt)

É oportuno finalizar este capítulo tentando ver o processo de cura dentro do ciclo de formação e destruição da Gestalt, que Fritz chamava de ciclo do instinto, também chamado ciclo da consciência e contato ou ciclo de experiência (página 128).

O grupo passa por diversas fases até se constituir em um grupo real, nutritivo, saudável.

O conceito de matriz é importante nesse processo, enquanto expressa um momento ou um tempo, com um certo caráter definitivo, na vida do grupo. A matriz é, por sua natureza, dinâmica, dado que retém a história do grupo e a torna essencial, enquanto código de comunicação e geração de processos. A matriz sabe que grupo é esse e sabe por que sabe, uma vez que ela se encontra na raiz de todos os processos de mudança. Ela tem um cerne, como se fosse um *self* que mantém o grupo como indivíduo ou individualizado. É como se ela fosse a coluna vertebral do indivíduo-grupo, à qual vão se acrescentando sempre novos processos, novas mudanças, que lhe permite ser ela mesma ao longo do tempo e como tal se reconhecer a si mesma.

A matriz é a natural expressão ou imagem da vida do grupo, ela é uma fonte de energia e um permanente movimento para a atualização do *self* grupal. Está organizada ou se organiza no sentido de produzir os mais saudáveis níveis de crescimento, prazer, contribuição e comunhão intra e intergrupal. A matriz é uma central de cura, enquanto ela sabe o grupo, suas tendências, suas ansiedades e seu desejo de encontrar soluções saudáveis.

Conceptualmente, a matriz pode ser concebida como fundo (*background*) da qual surgem desejos e necessidades (*foreground*) que são figuras. Uma vez satisfeitas, reentram no fundo de onde emergirão de novo sempre que uma necessidade especial estiver clamando por atenção. Esse é o movimento, o processo cíclico que faz vibrar a natureza da experiência humana, tão à vista no processo grupal.

O grupo, nessa concepção, funciona como um sistema, como um campo de força com três tendências básicas: 1. *Circularidade*, movimento através do qual as energias grupais fluem, circulam em contínuo processo de purificação. Nada no grupo é singular. Inicia-se singular e se torna coletivo. O sentimento do perceber existencial é próprio do grupo, sobretudo após sua fase inicial. 2. *Intercalação*: o homem é um ser de relação. É a existência do outro que me faz sentir existente. No grupo, esse sentimento ou essa percepção de que não se está só, que se está sempre em contato, encontrando-se, faz parte da própria manutenção do grupo. Esse é um fato, é um dado que através da experiência direta do outro faz crescer o sentimento de estar no mundo com. 3. *Totalidade*: o grupo mantém sempre uma dupla vertente de perceber seu próprio processo. Aquela do indivíduo, através da qual cada um se sente indivíduo e permanece como tal. A individualização é mantida e protegida pelo grupo. Num grupo terapêutico a perda da própria singularidade seria danosa para a vida do grupo. A outra vertente é aquela do grupo-como-indivíduo, paciente, como unidade. A sensação de totalidade é nutritiva, repousante, protetora. O perceber-se com e em permanente relação afugenta o sentimento da solidão e promove a sensação do humano.

Esses três processos fluem, fazem pulsar a energia de ser pessoa e são a base da natural passagem de uma fase do ciclo de formação e destruição das Gestalts para outra fase. Assim, esse processo se mantém em permanente fluxo, onde uma necessidade, quando satisfeita, desaparece, permitindo que outra surja.

É importante compreender o ciclo de contato como uma unidade, como um sistema onde cada fase funciona como subsistema. De fato, o ciclo deve ser visto como uma unidade completa, unidade de formação ou destruição de Gestalt, onde cada parte contém o todo, e vice-versa.

Esse é um processo natural, onde cada ciclo pode ocorrer de maneira criativa e satisfatória, se esse processo natural puder atingir seu fim organísmico. Quando isso ocorre, dizemos que o ciclo foi saudável; caso contrário, dizemos que foi interrompido, porque ocorreu uma perturbação no fluxo do processo de formação da Gestalt. Quando ocorre a auto-regulação organísmica, a figura e o fundo se revezam na satisfação das necessidades satisfeitas e a unidade se mantém em permanente posição de autonutrição.

O processo do ciclo de contato é o modo como a matriz se torna visível. Assim como o ciclo, também a matriz deve ser concebida como um sistema.

Imaginemos que um grupo saudável é aquele que percorre todas as fases do ciclo, ou seja, aquele em que as necessidades surgem a partir de motivações internas e que vão percorrendo os passos subseqüentes até que todo o ciclo esteja completo.

Um ciclo saudável é aquele que tem começo, meio e fim, podendo teoricamente iniciar-se em qualquer ponto do ciclo.

O grupo como processo, como um processo global, vive diversas fases. Se imaginarmos que teoricamente o grupo parte de uma fase de retirada ou repouso, diremos que a primeira fase do grupo seria aquela da *sensação*: corresponderia à fase inicial dos primeiros contatos, das dúvidas, das emoções fortes, dos medos. A segunda fase, aquela da *awareness*, onde, acalmadas as primeiras sensações do contato inicial, o grupo começa a perceber, a ter consciência de suas necessidades verdadeiras, sejam elas sociais, fisiológicas ou psíquicas. A terceira fase é aquela da *mobilização ou da excitação pelo contato*, onde o grupo começa a medir suas possibilidades, seus riscos, sua vontade de transformação e mudança. A quarta fase é a da *ação*, ou da escolha e implementação de uma ação adequada para um contato real e nutritivo com a realidade. Está-se saindo do imaginário para o real, para o afrontamento do risco. A quinta fase é aquela do *contato final*, onde o grupo atinge sua meta, podendo vivê-la de maneira plena. O grupo toma posse de seus desejos, transforma-os em viva realidade. Sabe onde se encontra. Conhece o caminho percorrido e pode se sentir *completo, satisfeito*, sendo esta a sexta fase: *a fase da satisfação*. Tendo percorrido este caminho, poderíamos então passar à sétima e última fase, aquela da *retirada*, onde a sensação de finalização é total, as necessidades foram satisfeitas, restando agora olhar em volta e começar nova e criativa caminhada.

Vemos esse modelo, esse ciclo como sendo o processo longitudinal vivido pelo grupo ao longo de toda a sua história, podendo cada uma dessas fases alongar-se mais ou menos de acordo com as necessidades do grupo, bem como podemos ver esse ciclo acontecer em apenas uma sessão. O ideal é que, em cada grupo, a matriz grupal pudesse ser vivenciada através dessas fases.

Através desse modelo, podemos ver o grupo como um processo longitudinal que pára, se interrompe e recomeça. De fato, assim como o indivíduo, também o grupo, visto como uma unidade, pode interromper seu processo em qualquer dessas fases, através de processos que tendem a perturbar a auto-regulação organísmica entre ele e o mundo que o cerca. Cada uma dessas interrupções indica um sintoma vivido pelo grupo e que merece a cuidadosa atenção do terapeuta. (Ver pág. 124)

Cada membro do grupo pode também interromper seu ciclo de contato em qualquer momento, independentemente do que possa estar ocorrendo no grupo como um todo. Tal interrupção afetará o processo da matriz, que é extremamente sensível a qualquer coisa que ocorra em cada um de seus componentes.

É importante que a energia grupal flua de uma fase a outra para que não ocorra o que chamamos de Gestalts interrompidas e fixas, que significam uma disfunção no fluxo do ciclo. Na realidade, o que acontece é um distúrbio nas funções de contato que ocorre nas fronteiras, onde a consciência se autolimita ou se encontra com uma realidade ameaçadora.

10. Conclusão

A idéia central deste capítulo é falar da natureza interna da cura ou dos processos de cura. Existe um longo caminho a ser percorrido para que esse misterioso processo se clarifique.

O ciclo de contato não é apenas um modelo, um sistema, mas um processo de aprendizagem. Na medida em que cada uma dessas fases é percebida, vivenciada, faça sentido, a mudança e talvez a cura podem ocorrer. Esse ciclo é um paradigma, um modelo de como se pode ou se deve entrar nas coisas e deixar que elas fluam naturalmente, a partir de uma consciência constante na força do aqui e agora.

Toda forma de Gestalt-terapia de grupo tem que ser vista dentro da concepção da Teoria de Campo e da Holística. O conceito de matriz decorre necessariamente destas posições teóricas. Conceber cura e seu processo passam pela compreensão do próprio princípio da relação ambiente e pessoa como uma Gestalt que se inclina a completar-se continuamente.

Nada mais natural à questão Gestalt que a questão grupo-como-um-todo, como totalidade, mesmo porque Gestalt, enquanto nome, ontologicamente só se completa e se define no momento em que todas as suas partes possíveis lhe pertencem. O grupo terapêutico como processo tem a mesma tendência auto-reguladora e teleológica: tornar-se uma Gestalt.

Do ponto de vista da prática terapêutica, o agir terapêutico no grupo e do grupo procede, fenomenologicamente, por aproximações constantes na busca da essência mesma do dado presente e esse agir é visto ora aqui, ora ali como processos nominativos pela necessidade de dar nomes ao dado. A essência e o como do processo operacional, contudo, permanecem ocultos, porque é a relação terapêutica do grupo que os individualiza e especifica.

Referências Bibliográficas

1. Perls, F. e Goodman, P., em *Isto é Gestalt*, p. 66, 1977.
2. *Idem.*
3. *Ibidem.*
4. Martins J., p. 132, 1984.
5. *Idem*, p. 138, 1984.
6. *Ibidem*, p. 138, 1984.
7. *Ibidem*, p. 138, 1984.

CAPÍTULO XI

O PSICOTERAPEUTA DE GRUPO

Ao final desta longa caminhada, em que procuramos penetrar no mistério do grupo terapêutico, resta, sem dúvida, muita coisa a ser dita.

O homem é um mistério dentro de um mistério maior, o universo. Ambos nos fascinam, nos atraem e nos repelem.

Não há como ser um gestaltista sem ter uma profunda sensibilidade, para colher, no quotidiano, as gotas de mistério, que, como o orvalho da manhã, contêm também o mistério da noite que se foi.

O cliente tem uma dimensão humano-espiritual, porque, feito na terra e para a terra, aspira constantemente ser do alto e para o alto.

O contato entre essas duas aspirações faz do ser humano, ao mesmo tempo, habitante da terra e do universo total. É esse o início de seu grande e próprio mistério, o desvendamento de sua Gestalt final.

O mistério é um privilégio humano. É o momento do encontro máximo de minha plenitude com algo que me ultrapassa, que me ofusca, mas apenas e após o esgotamento de todas as minhas possibilidades. O mistério não é algo que ocorre logo após meu primeiro esforço. Isso se chama ignorância. O mistério é algo que é sempre após, e espera o desabrochar de toda a potencialidade do ser e só então surge. Não é um desafio, é um complemento da natureza humana. É aquilo que falta ao ser humano para se transformar no ser divino. O mistério não humilha, e sim engrandece a pessoa humana. Só tem o privilégio do mistério aquele que tem o privilégio da dúvida, do pensamento e da consciência. Quanto mais inteligente é alguém, tanto maior é seu fascínio pelo mistério, e poder lidar com ele é o último de todos os sentidos, a mais perfeita forma de contato.

Os animais não possuem o dom do mistério, a realidade para eles termina onde terminam seus sentidos. Os animais jamais complicam a realidade. Ninguém melhor que eles para lidar com o óbvio, aqui e agora, tal como se apresenta. Eles procedem a partir da plena utilização de seus sentidos. Eles não podem errar. Errar para um animal pode significar perder a vida. Embora possamos dizer que alguns animais, como o gato e o cachorro, os chamados animais domésticos, tenham uma certa inteligência e, conseqüentemente, um certo grau de consciência, não resta dúvida de que eles não podem ir além do fato, do dado imediato.

O mistério desaparece para eles, pois é a impossibilidade de perceber o muito depois que cria o mistério, que está profundamente ligado à nossa fantasia. Ele é a possibilidade de ver além dos horizontes, ao passo que a percepção fenomênica é o retorno à coisa mesma, sem fantasia e sem mistério.

Cada um constrói seu próprio mistério. Mistério e realidade foram e serão sempre a polaridade máxima de todo ser humano. É na fronteira entre mistério e realidade que o contato existencial com o sentido da vida acontece por excelência.

É nesse contexto também que os processos de resistência aparecem e se fazem inteligíveis. As resistências se colocam entre a fantasia e a realidade, entre o mistério e a realidade. Quando o mistério deixa de ser o em si da coisa para ser a coisa em si, a realidade se redimensiona e a noção de nosso limite nos traz de volta para a devida distância entre organismo e ambiente.

A resistência é a saída da realidade para o mistério, ou a impossibilidade de sair do mistério e entrar na realidade. É por isso que ela pode tornar-se tão forte e de tão difícil compreensão. E é também por isso que a resistência deve ser tratada com todo o carinho, com amor, com um sentido do sagrado. Conhecer a resistência de alguém é penetrar no seu mistério mais íntimo. É também por isso que abandonar a resistência é tão difícil, pois é sair do ambiente acolhedor do mistério para a dureza e claridade da própria verdade.

A resistência é o ponto definidor em torno do qual a mutação pode ou não ocorrer. Ela indica as perspectivas da conveniência ou não de se ser terapeuta ou cliente de um grupo de terapia.

Nosso mistério, o mistério do outro, o mistério do grupo são figuras muito fortes que nos remetem a um fundo mais silencioso, distante e, às vezes, caótico, com cujo contato nossa consciência pode entrar em pânico, porque nos coloca diante de nossas necessidades escondidas de autoproteção e defesa.

O terapeuta de grupo é uma pessoa muito especial. Ele é o profissional do mistério. Além de se mover em campos desconhecidos, cujos sistemas, às vezes, só se equilibram por causa de seus próprios mistérios, ele precisa estar atento às suas dimensões ocultas. Ele precisa estar em profundo contato com suas fronteiras, com seus limites, com suas verdadeiras potencialidades, com seu *self* mais profundo.

O grupo espera do terapeuta tranqüilidade, contato, segurança e competência.

Fluidez, espontaneidade, criatividade são posturas necessárias para que o terapeuta se apresente ao grupo como elemento de transformação e transformador.

A consciência do próprio mistério conduz naturalmente o terapeuta ao reconhecimento de suas potencialidades e limites.

O terapeuta de grupo é vivenciado, muitas vezes, como um mestre, alguém que penetra não só na consciência dos indivíduos, como naquela do grupo. Ele é como um piloto ou capitão de navio que conhece os mistérios do ar e da água. Conhece o mistério das águas tranqüilas e borrascosas, dos ventos suaves e fortes e deve ser capaz de conduzir com segurança e competência sua nave ao porto final. O grupo só se sentirá realmente seguro quando intuir experiencialmente que se encontra em mãos competentes.

O terapeuta de grupo precisa ter consciência do seu poder terapêutico. Deve ter consciência de sua capacidade intelectual, do seu preparo acadêmico, especialmente no que concerne às disciplinas ligadas a processos de mudança, dinâmica de grupo e psicopatologia grupal. Deve ter consciência clara de seu poder de percepção e análise do processo grupal. Deve ter um sentido de sua própria integridade psíquica, de sua capacidade de lidar com a loucura, de não se amedrontar com o caos em que, às vezes, o grupo se encontra, de manter-se calmo e sereno, quando se perceber em claro movimento contratransferencial, e poder ver o mistério como uma diminuição provisória de luz.

O terapeuta de grupo não pode fazer de conta que está entendendo o que está acontecendo, não pode conduzir tecnicamente o grupo sem uma clara e operante idéia dos conceitos científicos que sustentam sua ação naquele momento. Conduzir o grupo é, antes de tudo, um ato de ciência, de competência didática e metodológica. Arriscar-se a conduzir um grupo terapêutico sem o devido preparo científico e técnico é pôr em risco a sanidade das pessoas e a sua própria, sem dizer que é eticamente imoral.

O grupo funciona como um campo de forças, um campo energético, com pólos positivos e negativos. Suas correntes se cruzam com certa lógica, mas, muitas vezes, sem nenhuma lógica e totalmente à revelia de uma probabilidade imediata e segura.

O grupo, enquanto campo, tem leis próprias. Assim, o comportamento deixa de ser uma resultante da realidade interna da pessoa para ser analisado como uma função do campo. Esse campo é o espaço vital onde as individualidades cedem lugar ao conceito de grupo. Sem perder a individualidade, as pessoas passam a ser um grupo, entidade anterior aos indivíduos que a compõem. O conceito de contato, nesse caso, se torna mais complexo e mais dinâmico no sentido de se compreender como surge a entidade grupo, não obstante as fronteiras individuais que mantêm os indivíduos essencialmente os mesmos, porém, sistêmica e estruturalmente, grupo.

O grupo terapêutico é ainda um fenômeno humano. Dizendo isso, estou falando de algo inesgotável, cheio de surpresas, capaz de vivenciar processos de grande complexidade e sair crescido, inteiro.

Volto aqui à idéia de mistério. Não sei se existem grandes e pequenos mistérios. Penso que não: mistério é mistério em qualquer tempo, espaço e quantidade. Penso até que não existem mistérios, mas MISTÉRIO, um só. Identificamos, aqui e ali, partes, faíscas desse grande e único mistério.

O grupo é um desses momentos.

Tudo é uma coisa só. Eis o grande e único mistério! O mistério se revela e se torna visível e viável na noção de contato, que aqui atinge a complexidade máxima: isto é, não sabemos como ocorre o contato entre tão diferentes realidades ou mundos, de modo que, não obstante as diferenças das coisas em si mesmas, não obstante as relações infinitamente diferentes que ocorrem entre os seres, a realidade apresenta uma dinâmica de convergência para a unidade total, que, enfim, é uma grande Gestalt.

Assim, a noção de fronteira se amplia e se torna mais complexa. Essa noção deve ser vista em duas dimensões, a cronológica e do aqui e a ontológica e do agora. Na sua dimensão cronológica e espacial, as coisas mantêm seu limite, sua imediatez de compreensão e inteligibilidade, sua dimensão de poder ser identificada e de poder ser vista no seu em-si fenomênico. Na sua dimensão temporal, no seu agora infinito e ontológico, a coisa perde sua fronteira de identificação. Seu poder de inteligibilidade imediata se transfenomenaliza no em-si da coisa, se transforma numa unidade maior, o Ser, onde tudo tem que ser relido e onde a realidade abre infinitas possibilidades de auto-revelação. Ela redescobre seu mistério, torna-se uma unidade anterior aos elementos que a compõem.

A percepção da realidade nesse nível pode talvez explicar os estados alterados de consciência, onde as fronteiras acabam e a pessoa se sente mergulhada numa realidade maior, infinita, podendo, nesse caso, ter sensações de vazio, de plenitude, de medo, de insegurança por causa de uma certa perda de identidade pessoal ou da ampliação da própria fronteira, que a aproximação ou a entrada no mistério do Ser Maior provocam. A partir desse ponto, tanto podem ocorrer a loucura quanto a iluminação e o êxtase.

A fronteira é o lugar onde o contato ocorre com o imediato, com o mediato, com o mistério de uma realidade maior.

O grupo terapêutico é, muitas vezes, experienciado numa dimensão de mistério. Ali existem luz e sombra, atração e retração. Nada está fora, sua realidade contém tudo. Dentro e fora são uma coisa só, embora os distingamos porque somos incapazes de ver a realidade como um todo, como uma grande Gestalt. Às vezes, mais do que técnica e teoria, é necessária uma iluminação para se captar corretamente o que ocorre em um grupo.

Dizemos que o grupo terapêutico é uma miniatura da vida e do mundo, enquanto consciência que se personifica, se expande e se unifica.

Mergulhado nesse mistério de vida que regurgita no grupo, é natural que o terapeuta passe até facilmente de uma sensação de potência à de impotência e limites.

Esses limites são de dois tipos: aqueles do terapeuta, enquanto pessoa, e aqueles das pessoas, enquanto portadoras de problemas específicos.

O trabalho com grupos terapêuticos exige que o terapeuta tenha uma mente aberta, uma sutil capacidade de observação, um sutil modo de entrar nas coisas, muita paciência para permitir que a realidade possa revelar-se no seu ritmo, uma profunda humildade no manuseio do seu poder, simplicidade e inocência de coração para que os conteúdos mais profundos e reprimidos do outro possam emergir sem medo e sem vergonha.

A ausência de qualidades como essas pode tornar a direção de um grupo terapêutico extremamente complicada. Além da falta dessas atitudes, ocorre ainda que certas pessoas lidam mal com grupos, fruto talvez de problemas antigos e familiares introjetados e que impedem um fluir criativo na condução do grupo. O grupo os imobiliza e apavora. Eles não têm simpatia pelo grupo. Sentem-se mergulhados em um caos de processos, sentem suas fronteiras se diluindo nas do grupo ou se enrijecendo de tal modo que fica bloqueado todo tipo de contato e comunicação, dificultando a *awareness*.

Essas pessoas são contra-indicadas para serem terapeutas de grupo, porque lhes falta motivação e, sobretudo, a crença na capacidade auto-reguladora do grupo.

Um outro grupo, agora do lado do cliente, pode também ser contra-indicado, mais por razão de segurança que por motivação interna.

Estamos falando de pessoas com hipertensão, com cardiopatias, incluindo safenados, bem como diabéticos e outros.

Essas pessoas estão em pleno uso de suas funções psíquicas, embora, quando submetidas a situações de emoções profundas, comuns nos grupos de terapia, possam apresentar um quadro que exacerba seus sintomas com possíveis complicações clínicas. Embora o grupo tenha uma tendência a auto-regular-se, esses riscos podem ocorrer, independentemente da perícia do terapeuta ou de atitudes diretas do grupo em relação a essas pessoas. Nada impede que elas façam parte de um grupo terapêutico, desde que o terapeuta esteja atento, tenha os devidos cuidados, se sinta preparado e competente para lidar com situações que envolvem risco, sabendo ou podendo intervir prontamente, seja do ponto de vista psicológico, seja do ponto de vista médico.

Em um processo de seleção, de montagem de um novo grupo, o terapeuta deve estar atento a esse tipo de pormenor, para que possa fazer uma escolha consciente que lhe facilite o trabalho, deixando que seu contato flua normalmente a partir do aqui e agora do grupo, sem preocupações periféricas.

A Gestalt-terapia é uma postura baseada na Teoria do Campo e na Teoria Holística. Essas duas posturas organizam a percepção do terapeuta e lhe dão uma dimensão do aqui e agora, e também o remetem, sobretudo via Teoria Holística, à possibilidade de uma crença, de uma postura, de um contato com a realidade que foge a uma organização sistematizada do campo.

Nesse contexto, a fenomenologia se torna o ponto de mutação, enquanto convida o terapeuta a ter paciência, a ser um atento observador, a não adiantar hipóteses, porque a realidade é maior que o conhecimento que podemos ter dela e porque oculta mais do que revela o mistério nela contido.

Ante o inevitável do mistério da pessoa humana e do grupo, sempre figura de um fundo disponível à revelação, mas sujeito à dinâmica dos movimentos inter e intragrupais, a fenomenologia se apresenta como a chave que abre as portas desse fundo, dando-lhe luz, organizando-o, e permitindo que o mistério nele contido se faça mais compreensível através das figuras que surgem desse caos.

A postura fenomenológica prepara o terapeuta para lidar com a realidade de forma lenta, suave, humilde, pois o mistério se enrijece diante de qualquer forma de violência, seja ela técnica, acadêmica ou existencial.

O terapeuta gestáltico se coloca diante da realidade com a mesma postura, pois não é querendo que se desvenda o mistério, mas sentindo-o, terna e suavemente. Assim, o terapeuta penetra nos umbrais da realidade, onde, por menos luz que apareça, é sempre possível dar passos na direção da verdade.

Dissemos que o terapeuta tem limitações no manejo do grupo. Falamos de pessoas com a mente lúcida, mas o corpo com limitações. Falemos agora de pessoas com o corpo sem limitações, mas com a mente confusa, ao menos dentro de nossos parâmetros: os psicóticos.

Não queremos que essa divisão seja vista como uma dicotomia, pois estamos falando da aparência de dois momentos de uma única realidade, a pessoa humana.

Costumamos dizer que o psicótico é alguém que perdeu o sentido da realidade, alguém dividido em si próprio, alguém que centralizou em si toda a realidade fora dele, alguém para quem o concentrar-se sobre si próprio responde a toda a sua necessidade.

Sabemos muito pouco do psicótico.

Ser terapeuta de um psicótico ou de um grupo de psicóticos supõe, mais do que nunca, a crença de que o psicótico não *é* psicótico, mas *está* psicótico; a crença, a certeza de que ele pode fazer contato; a crença, a certeza de que, em grupo, ele pode dar suporte autêntico a um outro psicótico, penetrando, ao seu modo, nas herméticas fronteiras da loucura, o que, muitas vezes, não nos é permitido.

O terapeuta terá também de aceitar a possibilidade da própria loucura, se quiser ter acesso ao mundo misterioso da psicose.

Não existe contra-indicação em Gestalt-terapia para se fazer grupo de psicóticos. Existe, sim, contra-indicação para todo aquele que, cartesianamente, deseja penetrar na lógica da psicose, sem antes se equipar de paciência, humildade e esperança, como se o psicótico fosse um ser diferente qualitativamente, em vez de vê-lo como uma pessoa se auto-regulando contra possíveis violências do mundo fora dela. Desde que o terapeuta e/ou o grupo possam se tornar um instrumento novo de auto-regulação, sua terapia se tornará possível.

O terapeuta gestáltico não é diferente dos terapeutas de outras abordagens, senão em uma única coisa: não é possível ser gestalt-terapeuta sem uma profunda fé na capacidade humana de auto-regular-se, sem uma consciência experienciada de que é sendo pessoa que se torna pessoa e que é alargando as próprias fronteiras que uma Gestalt cada vez mais completa se torna possível.

Temos falado de mistério ao longo deste capítulo.

A terapia, no entanto, em si e enquanto um procedimento didático, é previsível, pode ser enquadrada dentro de certas normas.

A terapia como processo relacional, no entanto, procede por outros parâmetros, parecendo, às vezes, clara, luminosa e, outras vezes, nebulosa, de difícil compreensão. No bojo dessa sensação de algo um tanto insondável, surgem os processos contratransferenciais como algo que merece nossa última consideração.

O terapeuta é vivenciado pelo grupo como uma pessoa diferenciada, competente, como algo sagrado, intocável. Quanto mais esses sentimentos são profundos, tanto mais difícil para o terapeuta mostrar sua verdadeira face, deixar-se colher no seu quotidiano, no que ele tem de mais íntimo como pessoa.

Qualquer relação complementar traz no seu processo perdas e ganhos para ambos os lados e, por mais cuidadoso que o terapeuta seja, há sempre possibilidade de que tal fato ocorra no grupo. Sabemos, por outro lado, que quanto mais antiga ou simbolizada for uma relação complementar mais difícil se torna de ser mexida, pois tal fato supõe uma reorganização da percepção de ambos os lados, envolvendo perda de benefícios secundários que qualquer forma de resistência apresenta.

A contratransferência é o casulo que esconde o mistério do terapeuta. Senti-la e vivenciá-la pode ser extremamente doloroso para o terapeuta, pois significa ter de retornar ao em-si próprio e existencial, sem a delicadeza da metáfora, mas com a dureza que a realidade, às vezes, impõe e com o perigo de perdas simbólicas ou reais, como a sensação de diminuição do poder, do prestígio, do mito que se personifica, que se individualiza, que se iguala.

Muitas vezes, a simples auto-análise não é suficiente para que o terapeuta fique em paz consigo e com o grupo, quando este está vivendo uma contratransferência com um grupo que o percebe perfeito, competente, sólido.

Abrir-se, no entanto, ao grupo para lhes revelar seu mistério significa submeter-se, e ao grupo, a riscos que devem ser pensados seriamente, pois tal fato poderá desorganizar completamente o campo perceptivo. A matriz grupal, embora contenha tal informação, poderá não ser percebida corretamente por causa dos movimentos transferenciais, em ação.

A contratransferência contém algo real e algo falso, ou seja, as sensações que o terapeuta está sentindo com relação ao grupo são reais e falsas ao mesmo tempo, embora sob aspectos diversos. Enquanto conteúdos inconscientes do terapeuta, o processo pode ser visto como real e falso, enquanto, porém, manifestação de um desejo reprimido, é captado pelo cliente como uma coisa só.

O perigo da ambigüidade acontece quando se revela a contratransferência ao cliente, pois o terapeuta está falando de duas coisas, uma real e outra simbólica, e o cliente está recebendo uma só: a fala do terapeuta. Quanto mais forte é a figura do terapeuta, tanto mais o grupo tenderá a receber sua fala como real, concreta, ficando difícil para o grupo passar da coisa em-si para o em-si da coisa.

Através da contratransferência, o grupo lembra ao terapeuta algo que é dele, mas que o terapeuta desconhece como seu. Essa é a parte verdadeira, porém a parte falsa é que o terapeuta atribui tal fato ao grupo como se fora responsabilidade do grupo. De outro lado, a contratransferência não nasce do nada, nasce de alguma coisa, algo real que remete o terapeuta aos seus conteúdos inconscientes e negados, só que ele vê esta realidade fora dele a partir não dos parâmetros da realidade em si, mas a partir dos seus próprios. Existe um deslocamento simbólico de energia que põe em crise todo o sistema homeostático do grupo.

O terapeuta só deverá revelar sua contratransferência quando perceber que sua omissão põe em risco a vida do grupo. Ao mesmo tempo, deverá estar consciente de que revelá-la poderá produzir o mesmo efeito. Nesse contexto, o terapeuta deve sentir que ele tem suporte interno, auto-estima consolidada, poder terapêutico consagrado, e sentir que o grupo está maduro para ouvir o seu relato.

Apesar de todas essas garantias, nada impede que, ao revelá-la, o caos se instale, que um fundo adormecido se revele como figura forte, pré-anunciando uma catástrofe do processo grupal, como sua dissolução.

A matriz grupal é como uma UPC que contém todas as informações. Ela tem função auto-reguladora, permitindo que os processos ocorram na medida em que o aqui e agora do grupo tenha poder para passar da resistência ao contato proibido à *awareness* transformadora, embora isso implique uma mudança no campo comportamental, onde os papéis já estavam estabelecidos, consolidados. Pego de surpresa pela revelação do terapeuta, o campo se desorganiza, cai no caos, as figuras desaparecem. Ao mesmo tempo, para fugir dessa dura realidade para uma nova fantasia menos dolorosa, o grupo tende a reorganizar rapidamente um novo campo comportamental, podendo adotar comportamentos clássicos e resistenciais como o *acting out*.

É como se o grupo não acreditasse no que o terapeuta está falando, pois é muito complexa aquela fala. O grupo perde momentaneamente seu poder de distinguir na fala do terapeuta o que é real e o que é simbólico, o que é responsabilidade do terapeuta e o que é responsabilidade dele. Eles não podem acreditar no que vêem e ouvem e têm sensações de perda de contato, de esvaziamento, de abandono, pois estão vivendo o terapeuta, não tendo acesso à dimensão de pessoa que ele está, naquele momento, expondo para eles.

Nesse contexto, como forma de interromper o pesadelo, o *acting out* surge como solução, podendo os participantes fazer acusações recíprocas nunca feitas, abandonar a sala, ou, o que seria mais grave, propor o término precoce do grupo, como punição inconsciente do terapeuta. O *acting out*, porém, como desejo inconsciente de prejudicar ao grupo ou ao terapeuta, é uma das mais sofisticadas formas de resistência, enquanto deixa todos inacabados, cortando o contato com uma *awareness* sofrida e operante e que seria a única saída para uma reequilibração e auto-regulação organísmica do grupo.

Toda resistência tem um componente inconsciente.

O *acting out* pode ser descrito do ponto de vista gestáltico, ao menos no raciocínio anterior, como um processo de retroflexão, seja da parte do grupo quanto da parte do terapeuta. Nesse contexto, a função de contato fica completamente desvirtuada, pois o terapeuta deseja inconscientemente punir o grupo, porque este não se apercebeu do que estava acontecendo, e a ele próprio porque não fez o grupo perceber a realidade no seu duplo movimento de transferência e contratransferência. De outro lado, o grupo deseja punir o terapeuta, pelo fato de o terapeuta atribuir a ele algo de que não é culpado, e punir a si mesmo por ter sido mau grupo, enquanto não percebia a realidade total, usando-a como uma totalidade quando estava atingindo só uma parte.

Em outras palavras: o terapeuta deseja fazer a si (punir-se) o que ele gostaria de fazer ao grupo (puni-lo), o terapeuta gostaria de fazer consigo (punir-se) o que ele gostaria que o grupo fizesse a ele (ser punido). E o grupo gostaria de fazer a si (punir-se) o que ele gostaria de fazer ao terapeuta (puni-lo), o grupo gostaria de fazer a si (punir-se) o que ele gostaria que o terapeuta fizesse a ele (ser punido).

Na complexidade desse processo, vem à tona o sentido radical da verdade enquanto transformadora e como único caminho para se livrar da ambigüidade que dificulta a percepção clara do homem, enquanto envolto no próprio mistério e no mistério maior que é a relação humana.

Esse processo, quando vivido conscientemente pelo terapeuta e pelo grupo, é uma lição de profunda sabedoria sobre a natureza do mistério humano e abre um aprendizado experienciado de imensa riqueza e faz cada um retornar à sensação do próprio limite e fronteira, onde cada um pode, de fato, se reconhecer como pessoa e reconhecer no outro idêntico direito e, finalmente, mostra a complexidade do processo transferencial e contratransferencial e a delicadeza com que tem de ser tratado.

Conclusão

Começamos falando de mistério, mais do que de qualquer mistério, do mistério humano. Mistério não enquanto algo insondável, impenetrável, mas enquanto dimensão humana, enquanto síntese perfeita de todas as leis que regem o universo humano, que, em íntima relação com outros universos, forma a grande Gestalt.

É difícil entender que é o homem que dá sentido ao universo e que o universo inteiro está a serviço do homem e sentir, ao mesmo tempo, o abandono a que o homem o tem submetido. O universo é o grande relegado; por isso, fala-se em salvá-lo, mas penso que antes de salvá-lo temos que salvar a pessoa humana. É inútil tentarmos salvar o universo, casa do homem e da mulher, se nos esquecermos de salvar primeiro a pessoa humana.

Essa é a relação mais misteriosa, pessoa-mundo. A imensidão dos dois cria o impasse. O homem pode destruir o universo e vice-versa. O conflito se coloca na fronteira do contato homem-mundo, onde cada um tenta desesperadamente se auto-regular isoladamente, ou um contra o outro, esquecendo-se de que será a união, a confluência dinâmica entre esses dois universos que constituirá a nova terra, onde saúde não será mais privilégio, mas um pressuposto humano básico.

Esta é a proposta da Gestalt-terapia: integração das partes no todo e do todo nas suas partes, a busca permanente da totalidade que contém e explica todas as coisas.

O terapeuta surge, então, como o grande intermediário entre o homem e o universo, primeiro pela ampliação das fronteiras dos universos de cada um e, depois, pela ampliação da consciência de cada indivíduo de que é na fusão dinâmica das consciências que se fará a grande auto-regulação organísmica.

Esse é o mistério de que estamos falando e o verdadeiro milagre que poderá salvar o universo: que as pessoas não sejam mais máquinas, mas, antes, pessoas encontrando pessoas, sem títulos, sem diminuição, na terapia como na vida.

Ser terapeuta é ser, finalmente, testemunha, o tempo todo, desse mistério que, sendo livres, temos liberdade de optar contra nós mesmos, temos liberdade de escolher os caminhos mais difíceis, temos liberdade de não lutar por aquilo que cremos e, ao mesmo tempo, sermos sensíveis à manhã que nasce fria e úmida, à lua que passeia despreocupada no céu, ao sorriso gratuito da criança, certos de que é na procura dessa síntese que o homem se humaniza continuamente e acontece.

BIBLIOGRAFIA

Agazarian e Peters, R. (1981), *The visible and invisible group*. Londres, Tavistock/Routledge.

Bloch, S. & Crouch, E. (1987), *Therapeutic factors in group psychotherapy*. Oxford, Oxford University Press.

Breshgold, E. (1989), "Resistance in Gestalt Therapy. An historical theoretical perspective" *in The Gestalt Journal*, vol. XII, nº 2, Outono, 1989, pp. 73-103.

Buber, M. (1979). *Eu e Tu*. São Paulo: Editora Martins.

Capra, F. (1975), *The Tao of Physics*. Nova York, Random House.

Capra, F. (1982), *The turning point*. Nova York, Simon & Schuster.

Carlos, R. & Shield, B. (1989), *Healers on healing*. Los Angeles, Jeremy P. Tarcher.

Clarkson, P. (1889), "*Gestalt counselling in action*". Londres, Sage Pub. Ltd.

Clarkson, P., "Individuality and commonality in Gestalt", *in Brittish Gestalt Journal*, vol. 1, nº 1, 1991, pp. 22-38.

Dartigués, A. (1973), *O que é fenomenologia*. Rio de Janeiro, Dourado.

Feder, B. & Ronald, R. (1980), *Beyond the hot seat. Gestalt approaches to groups*. Nova York, Brunner/Mazel.

Foulkes, S. H. e Anthony, E. J. (1971), *Group Psychotherapy*. Harmondsworth, Inglaterra, Penguin Books.

Foulkes, S. H. (1975), *Group-Analytic Psychotherapy. Method and Principies*. Londres, Gordon and Breach, Science Pub.

Fonseca, A. H. L. (1988), *Grupo, fugacidade, ritmo e forma*. São Paulo, Ágora.

Frew, J. C., "The functions and patterns of occurrence of individual contact styles during the developmental phases of the Gestalt Group", *in The Gestalt Journal*, vol. IX, nº 1, 1986, pp. 55-71.

Frew, J. E. (1988), "The practice of Gestalt Therapy in group", *in The Gestalt Journal*, vol. XI, nº 1, 1988, pp. 77-97.

Frew, J. E. (1990), "Analysis of transference in Gestalt Group psychotherapy," *in International Journal of Group Psychotherapy*, vol. 40, abril de 1990, nº 2, pp. 189-203.

Friedman, W. H. (1989), *Practical Group Therapy*. Londres, Jossey-bass.

Friedman, M. (1990), "Dialogue, Philosofical Anthropology, and Gestalt Therapy", *in The Gestalt Journal*, vol. XIII, nº 1, 1990, pp. 7-41.

Goldstein, K. (1939), *The Organism*. Nova York, American Book.

Hall, C. S. & Lindzey, G. (1971), *Teorias da Personalidade*. São Paulo, Herder.

Harman, R. L. (1989), *Gestalt Therapy with groups, couples, sexually dysfunctional men, and dreams*. Springfield, Illinois, Charles Thomas.

Holanda, A. B. Palavra "Resistência", no *Novo Dicionário Aurélio*, 1ª edição, 8ª impressão, p. 1223.

Houston, G. (1987), *The red book of groups and how to lead them better.*, Ayisham, Norfolk, F. C. Barnwell.

Hucner, R. A. (1990), "The I-Thou relationship and Gestalt Therapy", *in The Gestalt Journal*, vol. XIII, nº 1, 1990, pp. 41-45.

Hycner, R. (1991), *Between person and person. Toward a dialogical psychotherapy*. Nova York, The Gestalt Journal. (Em português, *De pessoa a pessoa*, São Paulo, Summus)

Jacobs, L. (1989), "Dialogue in Gestalt Therapy and Theory", *in The Gestalt Journal*, vol. XII, nº 1, pp. 25-69.

Kadis, A. L. *et alii* (1976), *Psicoterapia de Grupo*, São Paulo, IBRASA.

Kepner, E. (1980), "Gestalt group process", *Beyond the hot seat. Gestalt approaches to group*. Organização de Feder, B. e Ronald, R. Nova York, Brunner/Mazel, pp. 5-25.

Kepner, J. I. (1987), *Body process. A Gestalt approach to working with body in psychotherapy*. Nova York. Gestalt Institute of Cleveland Press.

Kitzler, R. (1980), "The Gestalt Group", *in Beyond the hot seat. Gestalt approach to group*. Organização de Feder, B. e Ronald, R. Nova York, Brunner/Mazel, pp. 55-78.

Koffka, K. (1975), *Princípios da Psicologia da Gestalt*. São Paulo, Cultrix.

Latner, J. (1986), *The Gestalt therapy Book*. Nova York. The Gestalt Journal.

Levenson, E. A. (1982), "Language and Healing", *in Curative factors in Dynamic Psychology*. Organização de Slipp, S., Nova York. McGraw-Hill.

Lewin, K. (1973), *Princípios da Psicologia Topológica*. São Paulo, Cultrix.

Luipjen, W. (1973), *Introdução à Fenomenologia Existencial*. São Paulo, E.P.U.

Merleau-Ponty, M. (1971), *Fenomenologia da Percepção*. Rio de Janeiro, Freitas Bastos S.A.

Merleau-Ponty, M.(1975), *A estrutura do comportamento*. Belo Horizonte, Interlivros.

Martins, J. (1984), "Fantasia e imaginação", em *Temas Fundamentais da Fenomenologia*. São Paulo, Morais.

Perls, F. S. (1974), *Ego, Hunger and Aggression: The Beginning of Gestalt Therapy*. Nova York, Random House.

Perls, F. S. (1951), Hefferline, R. e Goodman, P., *Gestalt therapy: Excitement and growth in the human personality*. Nova York, Dell Publications.

Perls, F. S. (1969), *Gestalt Therapy Verbatim*. Moab, Utah, Real People Press.

Perls, F. S. (1977), *Abordagem Gestáltica e Testemunha Ocular da Terapia*. Rio de Janeiro, Zahar.

Perls, F. S. (1977), "Terapia de grupo *versus* terapia individual", *in* Stevens, J., *Isto é Gestalt*. São Paulo, Summus, pp. 29-36

Perls, F. S. (1977), *Isto é Gestalt*. São Paulo, Summus.

Pichon-Rivière, E., *O Processo Grupal*. São Paulo, Martins Fontes.

Polster, E. e Polster, M. (1979), *Gestalt-Terapia Integrada*. Belo Horizonte, Interlivros.

Polster, E. (1987), *Every person's life is worth a novel*. Nova York, Happer Collins.

Polster, E. e Polster, M. (1989), "Therapy without resistance", *in* Breshgold, E., *The Gestalt Journal*, vol. XII, nº 2, 1989, p. 75.

Resnich, R. W. (1984), "Gestalt Therapy. East and West: Bi-Coastal dialogue, debate or debacle?, *in The Gestalt Journal*, vol. VII, nº 1, pp. 13-32.

Ribeiro, J. P. (1978), "Psychoterapeutic cure facilitation agents in group analysis: A Foulkesian approach", *in Group Analysis*, Londres, XI/3, dezembro de 1978, pp. 203-207.

Ribeiro, J. P. (1979), "Psychodynamic cure mechanism in group analysis: A Foulkesian approach", *in Group Analysis*, XII/2, agosto de 1979, pp. 114-117.
Ribeiro, J. P. (1981), *Psicoterapia Grupo-Analítica. Abordagem Foulkiana: Teoria e Técnica.* Petrópolis, Vozes.
Ribeiro, J. P. (1985), *Gestalt-Terapia: Refazendo um Caminho.* São Paulo, Summus.
Ribeiro, J. P. (1986), *Teorias e Técnicas Psicoterápicas.* Petrópolis, Vozes.
Ribeiro, J. P. (1989), "O conceito de resistência na psicoterapia grupo-analítica: Repensando um caminho", *in Psicologia: Teoria e Pesquisa.* Brasília, nº 1, jan./abr. 1989, pp. 123-135.
Rosenberg, J. L. *et alii* (1985), *Body, Self and Soul. Sustaining Integration.* Atlanta, Georgia, Humanics.
Schiffman, M. (1971), *Gestalt self therapy.* Berkeley, Califórnia, Self Therapy Press.
Tellegen, T. A. (1984), *Gestalt e Grupos. Uma perspectiva sistêmica.* São Paulo, Summus.
Wheeler, G. (1991), *Gestalt Reconsidered. A new approach to contact and resistance.* Nova York, Gardner Press.
Yalom, I. D. (1989), *Love's executioner and other tales of psychotherapy.* Nova York, Happer Collins.
Yontef, G. M. (1989), "Mediocrity or excellence: An identity crisis in Gestalt Therapy training" (não publicado).
Zinker (1977), *Creative processo in Gestalt Therapy.* Nova York, Brunner/Mazel.
Zinker, J. (1980), The developmental process of a Gestalt Therapy group, *in Beyond the hot seat.* Org. por Feder, B. e Ronald, R. Brunner/Mazel Pub. Nova York, pp. 55-78.
Zinker, J. (1991), "Creative process in Gestalt Therapy. The Therapist as artist", *in The Gestalt Journal*, vol. XIV, 1991, pp. 71-89.
Zohar, D. (1990), *O Ser Quântico.* São Paulo, Nova Cultural.

IMPRESSO NA

sumago gráfica editorial ltda
rua itauna, 789 vila maria
02111-031 são paulo sp
telefax 11 **6955 5636**
sumago@terra.com.br

GRÁFICA
sumago